D1997964

Rechnen ohne Stolperstein Band 4B

Einmaleins mit 3/6/7/9
sowie Teilen

Arbeitsheft/Fördermaterial

Anna Kistler
Stefanie Schneider

Cornelsen Verlag GmbH, Berlin

Projektleitung: Amira Sarkiss
Redaktion: Sabine Müthing, Castrop-Rauxel
Umschlagillustration und Illustration: Kristina Klotz, München
Umschlagkonzept: Mendell & Oberer, München
Umschlaggestaltung: klein & halm, Berlin
Technische Umsetzung: PrePress-Salumae.com, Kaisheim

www.oldenbourg.de

Die Links zu externen Webseiten Dritter, die in diesem Werk angegeben sind, wurden vor Drucklegung sorgfältig auf ihre Aktualität geprüft. Der Verlag übernimmt keine Gewähr für die Aktualität und den Inhalt dieser Seiten oder solcher, die mit ihnen verlinkt sind.

1. Auflage, 1. Druck 2016

Alle Drucke dieser Auflage sind inhaltlich unverändert
und können im Unterricht nebeneinander verwendet werden.

Druck: H. Heenemann, Berlin

ISBN 978-3-637-01456-5

PEFC
PEFC/04-31-1156

PEFC zertifiziert
Dieses Produkt stammt aus nachhaltig bewirtschafteten Wäldern und kontrollierten Quellen.
www.pefc.de

Inhaltsverzeichnis

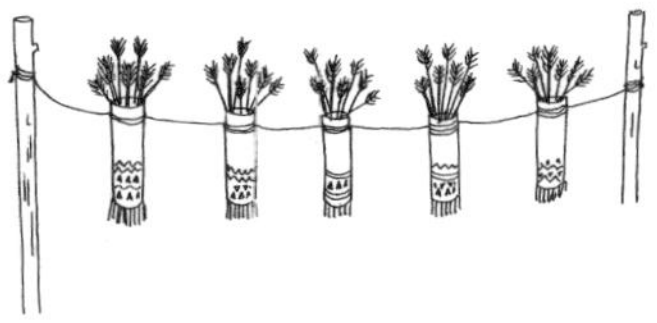

Beim Sport – Das Einmaleins mit 9

Beim Sport – Das Teilen durch 9

Vorbemerkungen

Die Gesetzmäßigkeiten der Mathematik eignen sich hervorragend zum eigenen Entdecken. Die Darbietung des Unterrichtsstoffes in Schulbüchern bietet Kindern mit Schwierigkeiten beim Rechnen aber in der Regel zu wenig Struktur. Damit auch Kinder mit Problemen zum Nachdenken ermutigt werden, müssen Beispiele angeboten werden, die überschaubar sind, sich in Zahlenräumen bewegen, die für die Kinder erfassbar sind, und besondere Schwierigkeiten gesondert thematisieren. Kinder können so ihr Vorwissen aktivieren und auf höhere Zahlenräume übertragen.

Eltern und Lehrkräfte nehmen oft Probleme beim Erlernen des Rechnens nicht wahr, die für Kinder zum Stolperstein werden können. Im numerischen Bereich stolpern viele Kinder beim Übergang vom konkret-anschaulichen zum abstrakten Rechnen. Das Zählen mit den Fingern oder „Rechendrill“ helfen da nicht weiter. Mit der Verwendung der Mengenbilder in Zweieranordnung, die sehr einprägsam ist, wird den Kindern eine „Brücke“ zur Abstraktion geboten. Ihr abstraktes Denken wird durch anschauliche Mengenbilder unterstützt und geprägt, mit denen sie dann zu „wirklichen“ mathematischen Operationen (nicht zum Dazuzählen mit den Fingern etc.) fähig sind. Zudem eignen sich diese Mengenbilder dazu, den erweiterten Zahlenraum in unserem Dezimalsystem auf anschauliche Weise aufzubauen.

Durch die **Zweieranordnung** der Mengen können besondere Schwierigkeiten wie z. B. die Zehnerübergänge anschaulich dargestellt werden. Die Ursprünge der Zweieranordnung gehen auf Kühnel in den Zwanzigerjahren zurück.[1] Die „Formzahlbilder“ wurden von Prof. Dr. Schröter erprobt.[2]

Eine weitere Hilfe ist es, jede Menge mit einem einprägsamen **„Standard“** (Margarita Wittoch) zu verbinden, an den sich ein Thema anschließt (z. B. Thema „Spielen“ bei der Menge 3 in Anlehnung an den Standard „Hand“). In den höheren Zahlenräumen werden Themen verwendet, die im Unterricht gezielt bei der Einführung eines neuen Lernschritts zum Entdecken durch Handeln anregen sollen.

Auch der **immer gleiche Aufbau der Mengen und Übungsformen** kommt Kindern mit Rechenproblemen entgegen. Er ermöglicht es ihnen, die Aufmerksamkeit innerhalb der einzelnen Lernschritte auf Inhalte zu richten. Sie können so im eigenen Tempo, relativ selbstständig, im Stoff voranschreiten.

In dem vorliegenden Band werden diese Hilfen konsequent eingesetzt.

---

1 Vgl. KÜHNEL, J. (1922): Neubau des Rechenunterrichts, Leipzig (Klinkhardt)
2 Vgl. SCHRÖTER, G. (1989): Mathematik in der Grundschule – Die Methode der Formzahlbilder, Regensburg (Wolf)

Ausgewählte weiterführende Literatur
ABELE, A.; KALMBACH, H. u. a. (1993): Handbuch der Grundschulmathematik. 1. und 2. Schuljahr. Stuttgart
ASTER, M. v.; LORENZ, J. H. (Hrsg.) (2003): Rechenstörungen bei Kindern. Göttingen (Vandenhoek & Ruprecht)
DIMIDI – Deutsches Institut für medizinische Dokumentation und Information (Hrsg.) (1994)
FRITZ, A.; RICKEN, G.; SCHMIDT, S. (Hrsg.) (2003): Rechenschwäche. Weinheim, Basel, Berlin (Betz)
GANSER, B. (Hrsg.) (1993): Rechenstörungen (1. Aufl.). Donauwörth (Auer)
GANSER, B. (Hrsg.) (2004): Rechenstörungen (3. überarb. Aufl.). Donauwörth (Auer)
GERSTER, H.-D. (1982): Schülerfehler bei schriftlichen Rechenverfahren. Freiburg (Herder)
GRISSEMANN, H.; WEBER, A. (1990): Grundlagen der Praxis der Dyskalkulietherapie. Stuttgart (Huber)
ICD-10, Internationale statistische Klassifikation der Krankheiten und verwandter Gesundheitsprobleme. Bd. 1. Stand August 1994. Bern (Huber), S. 387.
KÜHNEL, J. (1922): Neubau des Rechenunterrichts. Leipzig (Klinkhardt)
LORENZ, J. H.; RADATZ, H. (1993): Handbuch des Förderns im Mathematikunterricht. Hannover (Schroedel)
SCHRÖTER, G. (1989): Mathematik in der Grundschule – Die Methode der Formzahlbilder, Regensburg (Wolf)

Hinweise zur Arbeit mit Band 4A und 4B

In Anlehnung an die Bände 1 und 2 ist jede Einmaleinsreihe unter ein **Thema** aus dem Erfahrungsbereich der Kinder gestellt, das wieder als Anregung zum Handeln zu verstehen ist und das Üben interessanter gestaltet. Ebenso unterstützt der gleichbleibende Aufbau jedes Abschnitts die Orientierung besonders für Kinder mit Rechenproblemen und ermöglicht selbstständiges Arbeiten. So haben Kinder die Möglichkeit, sich mit mathematischen Strukturen bei der Multiplikation und Division handelnd auseinanderzusetzen und diese Erkenntnisse in ihr Vorwissen zu integrieren.

Wie im bayerischen Lehrplan[3] in Anlehnung an Radatz[4] vorgeschlagen, erarbeiten auch wir in „Rechnen ohne Stolperstein" die Einmaleinsreihen mit sogenannten **Kernaufgaben** (vgl. auch Schröter 1989). Wir verwenden dafür den Begriff **„Zauberaufgaben"**, da er uns für eine handelnde Umsetzung im Unterricht geeigneter erscheint. Mit einigen gebastelten Zylindern lassen sich konkrete Situationen schaffen, die die Kinder zum Überlegen anregen: Was ist mit der Zauberaufgabe passiert? Welche Aufgabe ist neu entstanden? So können Kinder ohne Verwendung unübersichtlicher Gleichungen Einsicht in die **Ableitungen** gewinnen. Verschiedene Ableitungsmöglichkeiten für ein und dieselbe Aufgabe (so ließe sich $4 \cdot 5$ z. B. durch $2 \cdot 5 + 2 \cdot 5$ oder $5 \cdot 5 - 1 \cdot 5$ ableiten) haben wir bewusst auf nur eine Möglichkeit reduziert, da mehrere Möglichkeiten bei rechenschwachen Kindern leicht zum Stolperstein werden können. Selbstverständlich sollten verschiedene Ableitungsmöglichkeiten zugelassen werden, wenn Kinder diese selbst finden.

„Zauberaufgaben" scheinen bei den ersten Einmaleinsreihen oft unnötig zu sein, da diese leichter auswendig gelernt werden können. Bei einer größeren Anzahl an Einmaleinsreihen entstehen jedoch zusehends Unsicherheiten beim Erinnern der Ergebnisse. Dies gilt auch in höheren Klassen, in denen das Einmaleins nicht mehr kontinuierlich geübt wird. Hier zahlt sich dann der Umgang mit „Zauberaufgaben" aus, weil er den Kindern Hilfen bietet, Ergebnisse abzuleiten.

Wie auch von Radatz u. a.[5] vorschlagen, wird das **Teilen** zunächst nicht unmittelbar nach jedem Einmaleins behandelt. Kinder sollten erst eine gewisse Sicherheit in der Multiplikation und im Zahlenraum bis 100 erlangen, bevor mit dem Dividieren begonnen wird. Ob dies nach der Erarbeitung des 4er-Einmaleins oder erst später erfolgt, kann durch die Konzeption der Blätter individuell gehandhabt werden. Wir haben uns bei der Einführung des Teilens bewusst auf das „Aufteilen" von Mengen beschränkt, da ein Hinzunehmen des „Verteilens" Kinder erfahrungsgemäß erheblich verwirrt.

Das **Teilen mit Rest** wird zwar angeboten, der Schwerpunkt ist dabei aber das Kennenlernen dieser Möglichkeit. Wir nehmen dies deshalb erst in den zweiten Einmaleins-Band (Rechnen ohne Stolperstein 4B) auf und nur in sehr beschränktem Umfang. Dabei wird von uns die zwar mathematisch „falsche", aber für Kinder einleuchtende und gängige Restschreibweise angeboten (vgl. auch Radatz, S. 100).

Weitere Informationen und Materialien, insbesondere zahlreiche Rechenspiele, finden Sie auf der Webseite: *www.rechnen-ohne-stolperstein.de*

---

[3] Vgl. STAATSINSTITUT FÜR SCHULPÄDAGOGIK UND BILDUNGSFORSCHUNG (2000): Lehrplan für die Grundschule in Bayern. München

[4] Vgl. RADATZ, H.; SCHIPPER, W.; DRÖGE, R.; EBELING, A. (1998): Handbuch für den Mathematikunterricht an Grundschulen, 2. Schuljahr. Hannover (Schroedel)

[5] ebd. S. 81

Plusaufgaben und Malaufgaben mit **3**

1 · 1 mit 3

$3 + 3 + 3 + 3 + 3 =$ ☐☐

$5 \cdot 3 =$ ☐☐

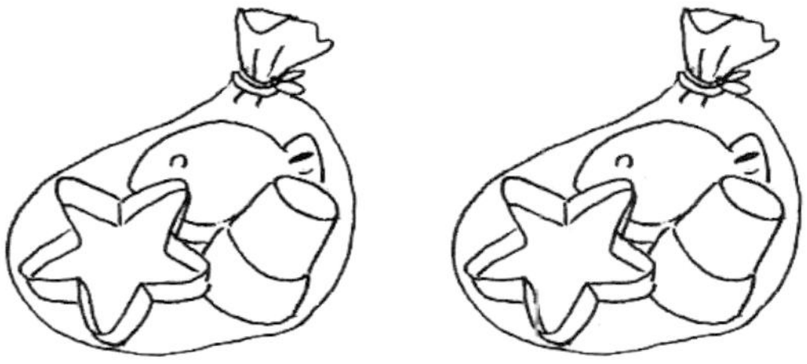

$3 + 3 =$ ☐☐

$2 \cdot 3 =$ ☐☐

$3 + 3 + 3 + 3 + 3 + 3 + 3 + 3 + 3 + 3 =$ ☐☐

$10 \cdot 3 =$ ☐☐

Rechne plus und mal!

$3 =$ ☐☐

$1 \cdot 3 =$ ☐☐

$3 + 3 =$ ☐☐

$2 \cdot 3 =$ ☐☐

$3 + 3 + 3 =$ ☐☐

$3 \cdot 3 =$ ☐☐

$3 + 3 + 3 + 3 =$ ☐☐

$4 \cdot 3 =$ ☐☐

$3 + 3 + 3 + 3 + 3 =$ ☐☐

$5 \cdot 3 =$ ☐☐

$3 + 3 + 3 + 3 + 3 + 3 =$ ☐☐

$6 \cdot 3 =$ ☐☐

$3 + 3 + 3 + 3 + 3 + 3 + 3 =$ ☐☐

$7 \cdot 3 =$ ☐☐

$3 + 3 + 3 + 3 + 3 + 3 + 3 + 3 =$ ☐☐

$8 \cdot 3 =$ ☐☐

$3 + 3 + 3 + 3 + 3 + 3 + 3 + 3 + 3 =$ ☐☐

$9 \cdot 3 =$ ☐☐

$3 + 3 + 3 + 3 + 3 + 3 + 3 + 3 + 3 + 3 =$ ☐☐

$10 \cdot 3 =$ ☐☐

Wie heißt die Malaufgabe?

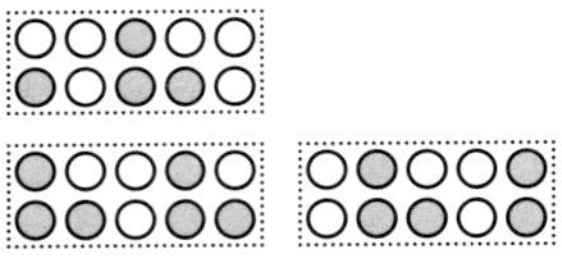

☐☐ ◯ ☐☐ ◯ ☐☐

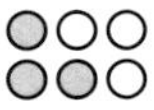

☐☐ ◯ ☐☐ ◯ ☐☐

☐☐ ◯ ☐☐ ◯ ☐☐

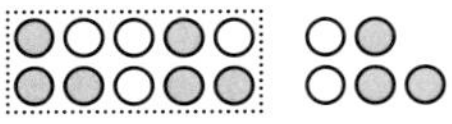

☐☐ ◯ ☐☐ ◯ ☐☐

1 · 1 mit 3

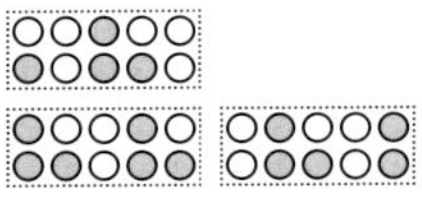

Male die Aufgabe!

5 · 3 = ☐☐	2 · 3 = ☐☐	10 · 3 = ☐☐

Male nur die Ergebnisse des 3er-Einmaleins aus!

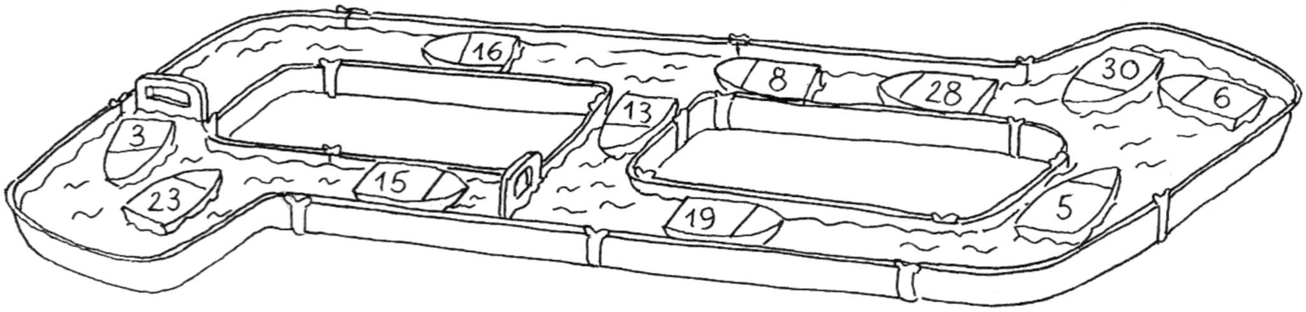

Rechne!

Immer 2 gehören zusammen: Male gleich aus!

Rechnen mit der Zauberaufgabe*!

1·1 mit

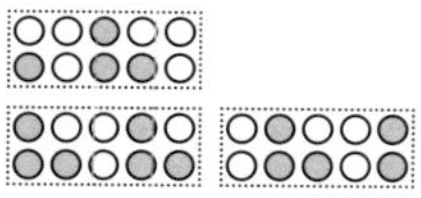

3

1 · 3 = ☐

2 · 3 ⊕ 1 · 3 → 3 · 3 = ☐

5 · 3 ⊖ 1 · 3 → 4 · 3 = ☐

5 · 3 ⊕ 1 · 3 → 6 · 3 = ☐

5 · 3 ⊕ 2 · 3 → 7 · 3 = ☐

10 · 3 ⊖ 2 · 3 → 8 · 3 = ☐

10 · 3 ⊖ 1 · 3 → 9 · 3 = ☐

2 · 3 → ☐ · 3 = ☐

Zaubere selbst!

5 · 3 → ☐ · 3 = ☐
☐ · 3 = ☐
☐ · 3 = ☐

10 · 3 → ☐ · 3 = ☐
☐ · 3 = ☐

1 · 3 → ☐

Welche Zauberaufgabe hilft dir?

6 · 3 = ☐	9 · 3 = ☐	8 · 3 = ☐
☐ · ☐ = ☐	☐ · ☐ = ☐	☐ · ☐ = ☐
4 · 3 = ☐	7 · 3 = ☐	3 · 3 = ☐
☐ · ☐ = ☐	☐ · ☐ = ☐	☐ · ☐ = ☐

* Kernaufgabe

Schreibe auf!

$1 \cdot 3 =$ ☐☐
$2 \cdot 3 =$ ☐☐
$5 \cdot 3 =$ ☐☐
$10 \cdot 3 =$ ☐☐

1 · 1 mit 3

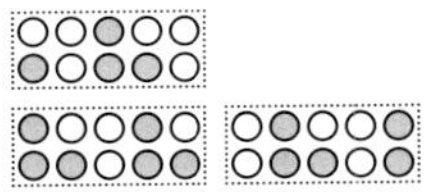

Die Dreierzahl nach 29 ist: 30

Die Dreierzahl nach 16 ist: ☐☐
Die Dreierzahl nach 10 ist: ☐☐
Die Dreierzahl nach 8 ist: ☐☐
Die Dreierzahl nach 14 ist: ☐☐
Die Dreierzahl nach 1 ist: ☐☐
Die Dreierzahl nach 4 ist: ☐☐
Die Dreierzahl nach 19 ist: ☐☐

Rechne und verbinde der Reihe nach im Bild!

$2 \cdot 3 =$ ☐☐	$4 \cdot 3 =$ ☐☐
$9 \cdot 3 =$ ☐☐	$7 \cdot 3 =$ ☐☐
$3 \cdot 3 =$ ☐☐	$10 \cdot 3 =$ ☐☐
$6 \cdot 3 =$ ☐☐	$1 \cdot 3 =$ ☐☐
$0 \cdot 3 =$ ☐☐	$5 \cdot 3 =$ ☐☐

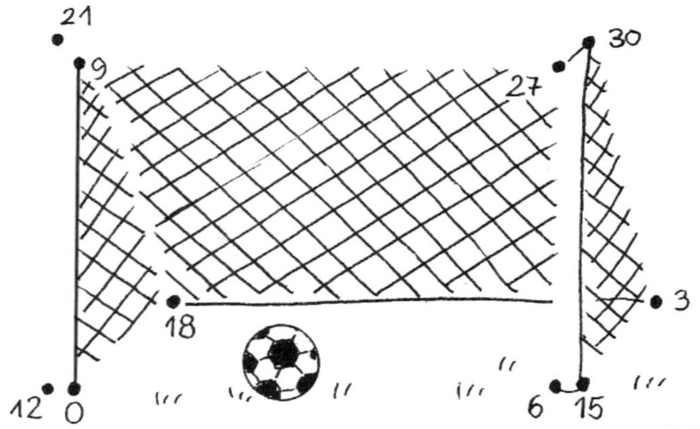

Hüpfburg-Aufgaben

Achtung: 1·1 gemischt!

1·1
mit

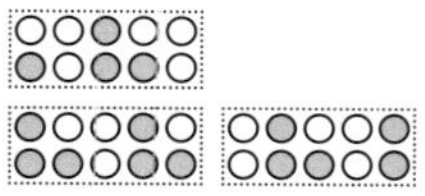

3

2 / 10 / 5 / 4 / 8 / 3

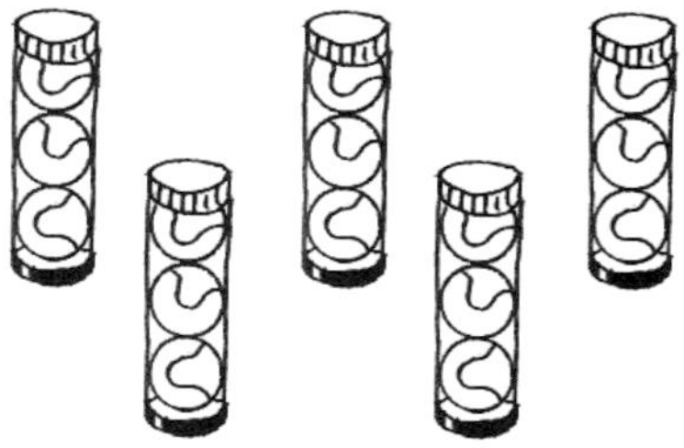

5 · 3 = ___

2 · 8 = ___

1 · 4 = ___

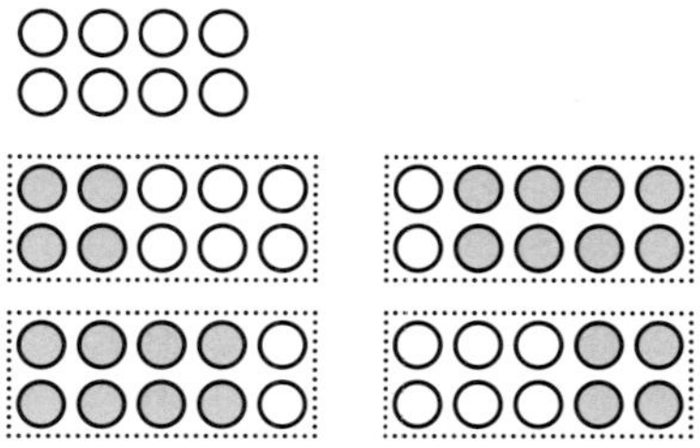

6 · 8 = ___

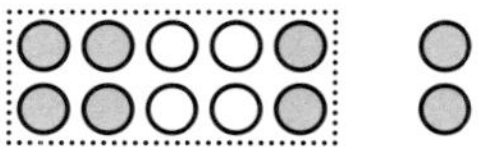

3 · 4 = ___

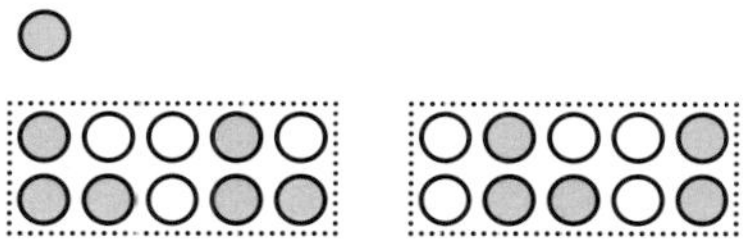

7 · 3 = ___

1 · 3 = ___
2 · 3 = ___
5 · 3 = ___
10 · 3 = ___

Rechne und male die Ergebnisse unten aus!

6 · 3 = ___	8 · 2 = ___	7 · 5 = ___	5 · 3 = ___
6 · 2 = ___	6 · 4 = ___	8 · 4 = ___	7 · 3 = ___
9 · 3 = ___	4 · 3 = ___	7 · 8 = ___	9 · 5 = ___
7 · 10 = ___	2 · 3 = ___	3 · 3 = ___	4 · 8 = ___
3 · 5 = ___	2 · 8 = ___	7 · 4 = ___	8 · 4 = ___

Mal-Tabellen

1 · 1
mit

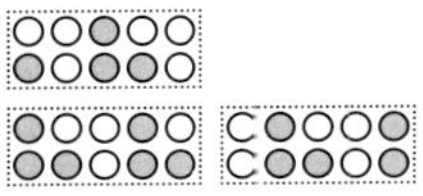

3

2 / 10 / 5 / 4 / 8 / 3

·	1	3	5
1	1		
2			
3			
4			
5			

·	1	3	5
6			
7			
8			
9			
10			

3er- und 5er-Einmaleins: Male die richtigen Ergebnisse an!

3 5 6 7 9 12 15 18 20 21 24 26 27 30

5 7 10 14 15 16 18 20 25 32 35 40 45 50

Finde die Malaufgaben!

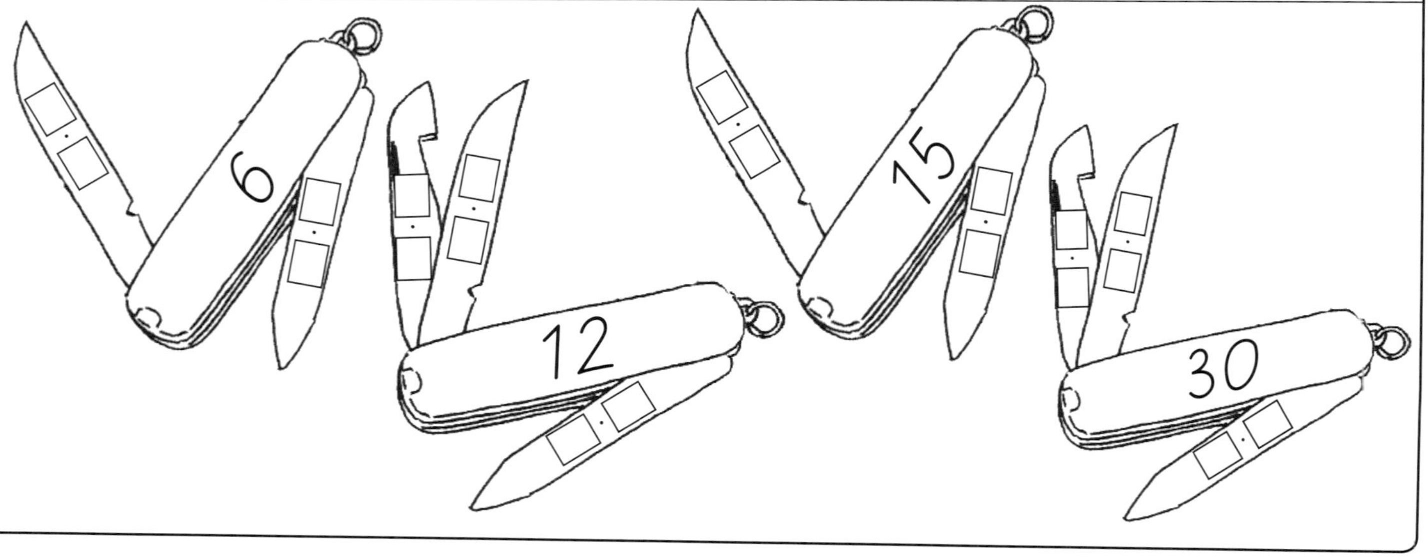

Tauschaufgaben

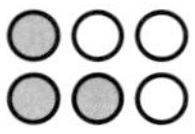	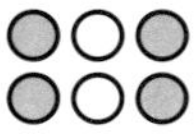
2 · 3 = ☐☐	3 · 2 = ☐☐

1 · 1 mit

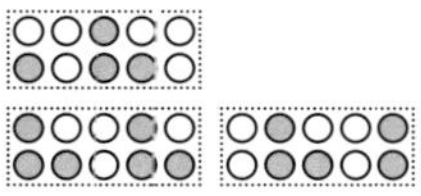

3

Wie heißt die Tauschaufgabe?

5 · 3 = ☐☐ ☐☐ · ☐☐ = ☐☐	5 · 10 = ☐☐ ☐☐ · ☐☐ = ☐☐	3 · 4 = ☐☐ ☐☐ · ☐☐ = ☐☐	10 · 3 = ☐☐ ☐☐ · ☐☐ = ☐☐
4 · 5 = ☐☐ ☐☐ · ☐☐ = ☐☐	3 · 8 = ☐☐ ☐☐ · ☐☐ = ☐☐	10 · 3 = ☐☐ ☐☐ · ☐☐ = ☐☐	4 · 8 = ☐☐ ☐☐ · ☐☐ = ☐☐
0 · 3 = ☐☐ ☐☐ · ☐☐ = ☐☐	8 · 4 = ☐☐ ☐☐ · ☐☐ = ☐☐	6 · 3 = ☐☐ ☐☐ · ☐☐ = ☐☐	2 · 3 = ☐☐ ☐☐ · ☐☐ = ☐☐

Tauschaufgaben und Ergebnis: Male in der gleichen Farbe an!

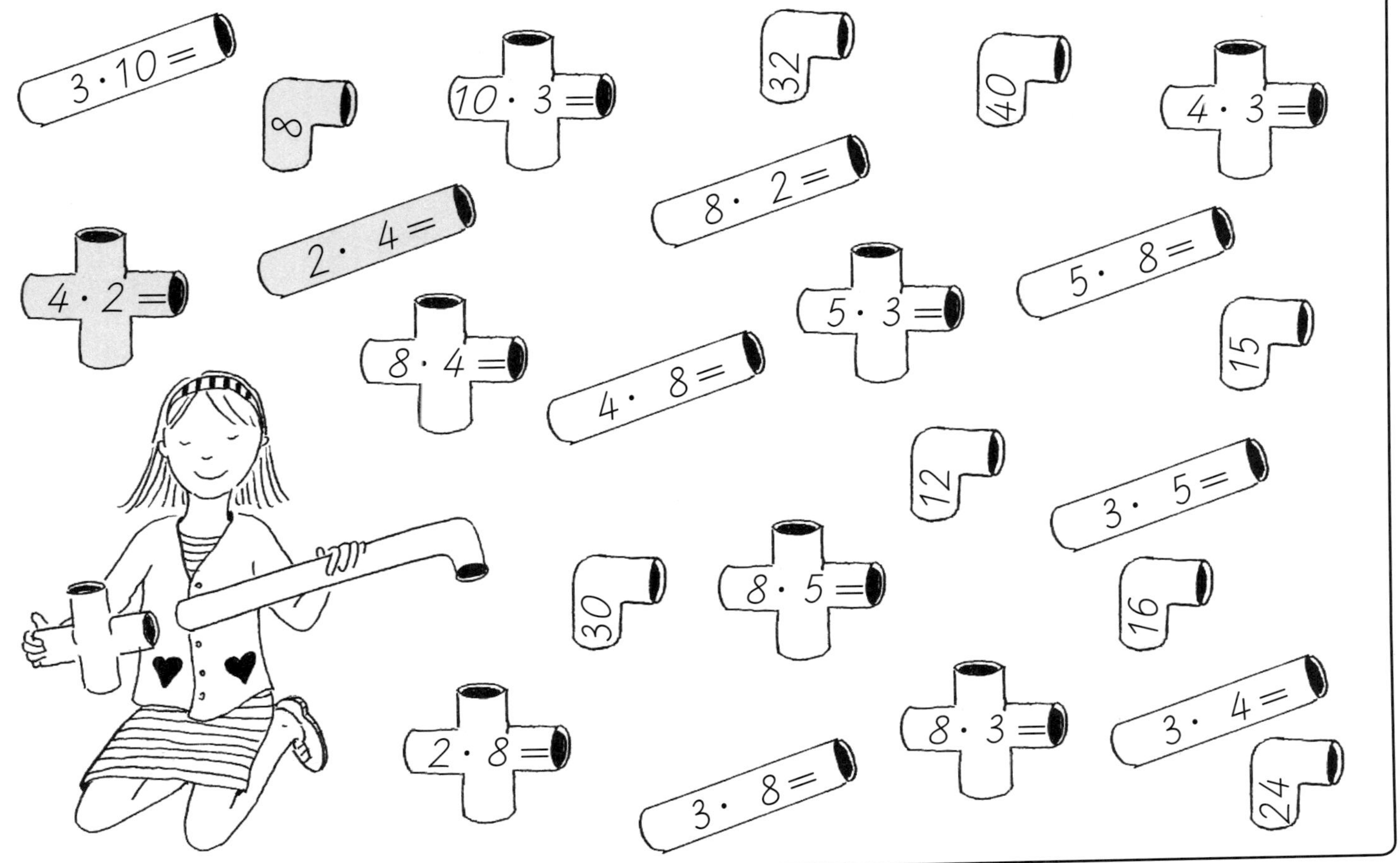

Rechengeschichten

1 · 3 = ☐☐
2 · 3 = ☐☐
5 · 3 = ☐☐
10 · 3 = ☐☐

1 · 1 mit 3

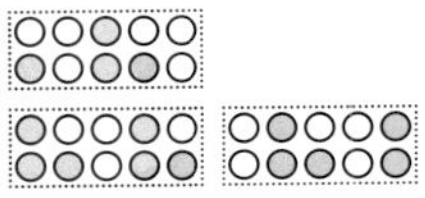

Elisabeth und ihre drei Freundinnen spielen Murmeln.
Jedes Kind soll drei Murmeln haben.
Wie viele Murmeln brauchen sie?

Wir rechnen: ☐☐ ○ ☐☐ ○ ☐☐

Wir antworten: ____________________

Beim Kirschkern-Weitspucken hat jedes Kind drei Versuche.
Sieben Kinder wollen es versuchen.
Wie viele Kirschen brauchen die Kinder?

Wir rechnen: ☐☐ ○ ☐☐ ○ ☐☐

Wir antworten: ____________________

Nach dem Reiten füttern Anita, Josef, Sepp, Stefanie und Regina ihre Ponys.
Jedes Kind bekommt drei trockene Semmeln.
Wie viele Semmeln müssen die Kinder mitbringen?

Wir rechnen: ☐☐ ○ ☐☐ ○ ☐☐

Wir antworten: ____________________

Hildegard verdient auf dem Ponyhof für das Einfetten der Sättel drei Euro.
In diesem Jahr hat sie schon fünf Mal dort gearbeitet.
Wie viel hat sie verdient?

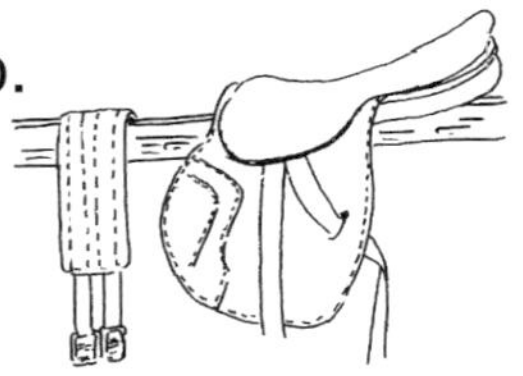

Wir rechnen: ☐☐ ○ ☐☐ ○ ☐☐

Wir antworten: ____________________

Die Kirschen beim Kerne-Weitspucken haben den Kindern so gut geschmeckt, dass sie sich zwei Kilo kaufen. Ein Kilo kostet drei Euro.
Wie viel Euro müssen sie bezahlen?

Wir rechnen: ☐☐ ○ ☐☐ ○ ☐☐

Wir antworten: ____________________

Im Spielzeugladen kauft sich Gisela vom Geburtstagsgeld 10 wunderschöne Glasmurmeln. Eine Murmel kostet 10 Cent.
Wie viel Geld muss sie bezahlen?

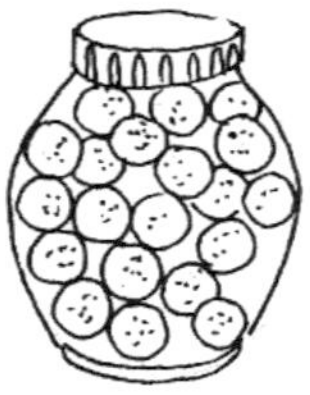

Wir rechnen: ☐☐ ○ ☐☐ ○ ☐☐☐

Wir antworten: ____________________

Teile durch 3!

$9 : 3 = \square$

denn $3 \cdot 3 = \square$

Wie viele 3er-Tüten kannst du voll machen?

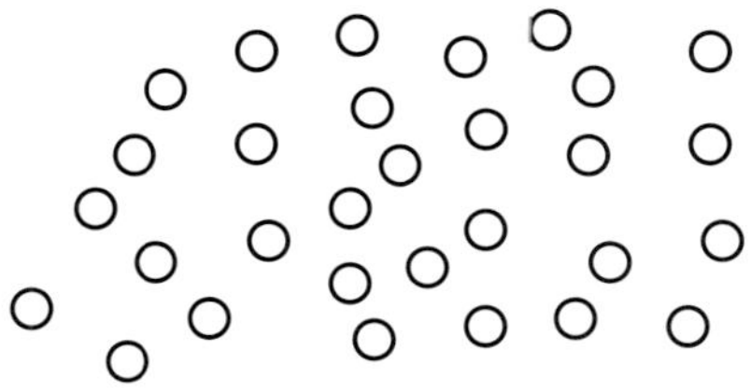

$30 : 3 = \square$

denn $10 \cdot 3 = \square$

Wie viele 3er-Tüten kannst du voll machen?

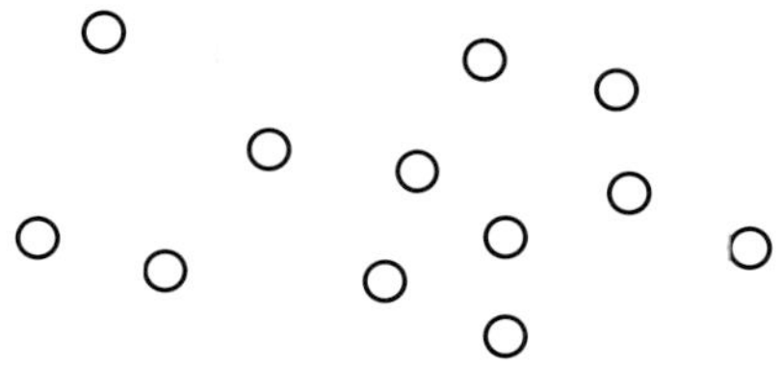

$12 : 3 = \square$

denn $4 \cdot 3 = \square$

Teile durch 3: Die Malaufgabe hilft!

$3 : 3 = \square$ denn $\square \cdot 3 = \square$	$18 : 3 = \square$ denn $\square \cdot 3 = \square$
$6 : 3 = \square$ denn $\square \cdot 3 = \square$	$21 : 3 = \square$ denn $\square \cdot 3 = \square$
$9 : 3 = \square$ denn $\square \cdot 3 = \square$	$24 : 3 = \square$ denn $\square \cdot 3 = \square$
$12 : 3 = \square$ denn $\square \cdot 3 = \square$	$27 : 3 = \square$ denn $\square \cdot 3 = \square$
$15 : 3 = \square$ denn $\square \cdot 3 = \square$	$30 : 3 = \square$ denn $\square \cdot 3 = \square$

Wie heißen die Aufgaben?

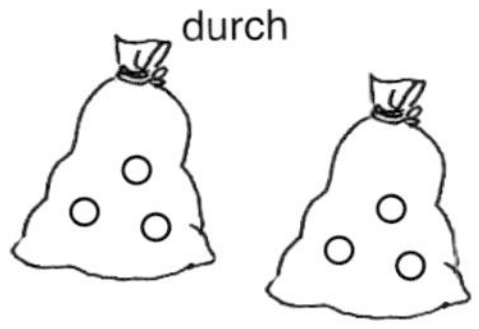

$9 : 3 = \square$	$\square : \square = \square$	$\square : \square = \square$
denn $\square \cdot 3 = \square$	denn $\square \cdot 3 = \square$	denn $\square \cdot 3 = \square$

Rechne und verbinde der Reihe nach!

$21 : 3 = \square$	$24 : 3 = \square$
$3 : 3 = \square$	$6 : 3 = \square$
$15 : 3 = \square$	$27 : 3 = \square$
$30 : 3 = \square$	$18 : 3 = \square$
$12 : 3 = \square$	$9 : 3 = \square$

Kletternetz! Schreibe der Reihe nach auf und rechne.

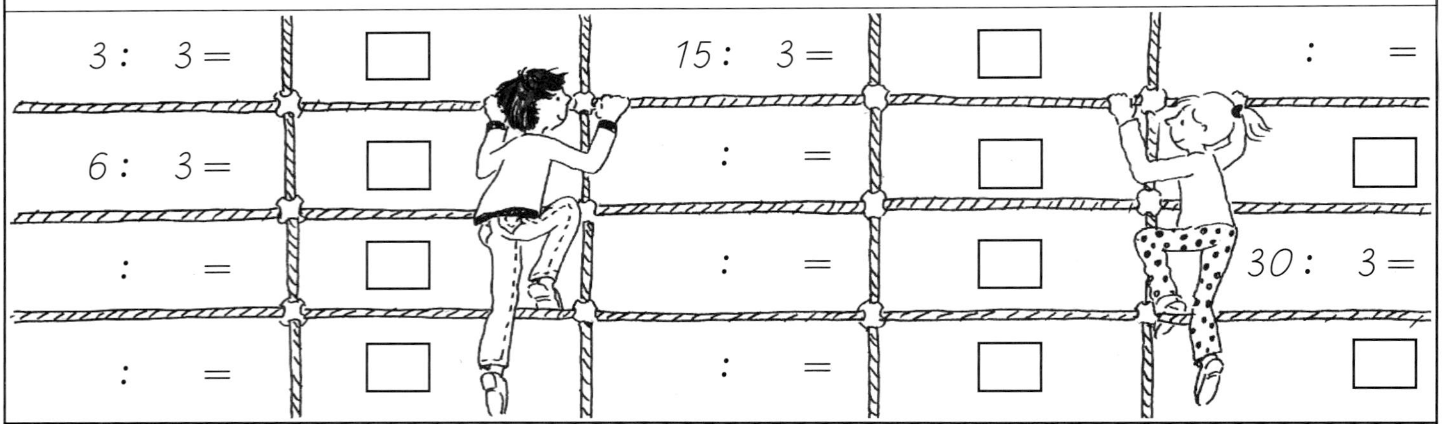

$3 : 3 = \square$	$15 : 3 = \square$	$: =$
$6 : 3 = \square$	$: = \square$	$\square$
$: = \square$	$: = \square$	$30 : 3 =$
$: = \square$	$: = \square$	$\square$

Trampolin-Aufgaben

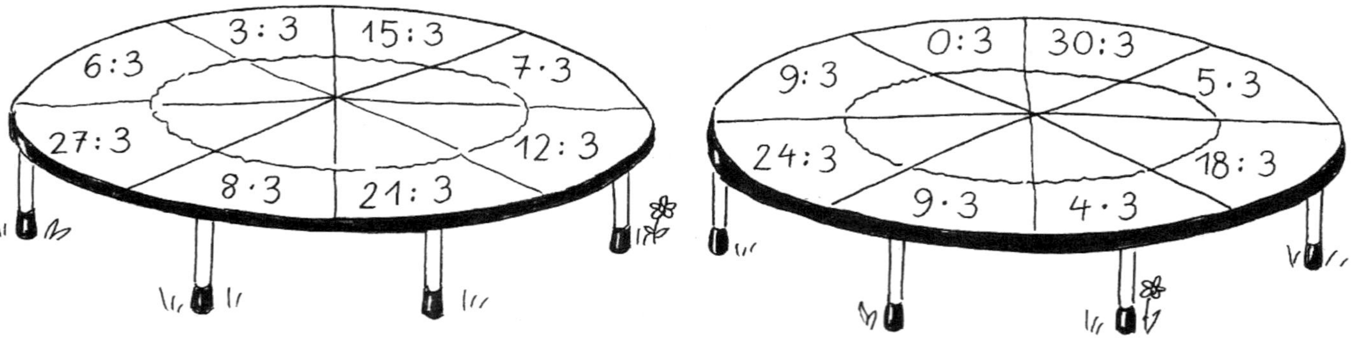

Teilen durch 4, 8 und 3!

18 : 3 = ☐☐	48 : 8 = ☐☐	12 : 4 = ☐☐
9 : 3 = ☐☐	16 : 8 = ☐☐	20 : 4 = ☐☐
15 : 3 = ☐☐	32 : 8 = ☐☐	36 : 4 = ☐☐
21 : 3 = ☐☐	72 : 8 = ☐☐	16 : 4 = ☐☐
30 : 3 = ☐☐	40 : 8 = ☐☐	28 : 4 = ☐☐

Teilen
durch

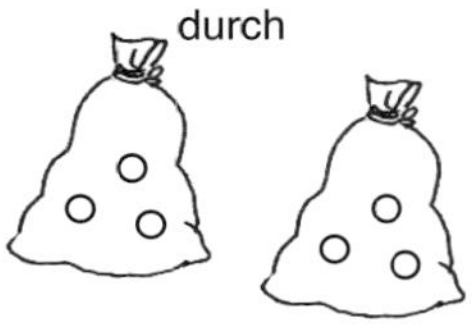

3

2 / 10 / 5 / 4 / 8 / 3

Fehlersuche: Streiche falsche Aufgaben aus. Trage Buchstaben der richtigen Aufgaben unten ein.

S: 9 : 3 = 3	S: 12 : 3 = 5	T: 32 : 8 = 3
U: 25 : 4 = 6	U: 21 : 3 = 7	S: 27 : 3 = 9
C: 24 : 8 = 3	F: 15 : 3 = 5	
H: 45 : 5 = 9	U: 56 : 8 = 7	
L: 16 : 4 = 4	C: 18 : 2 = 9	Lösung:
A: 35 : 5 = 7	H: 24 : 3 = 8	☐☐☐☐☐☐☐☐☐☐☐

Gemischte Geteiltaufgaben: Schreibe die Lösung unten auf!

15 : 3 = ☐☐	D 4	B 5	64 : 8 = ☐☐	A 8	U 7	72 : 8 = ☐☐	D 9	E 7
50 : 10 = ☐☐	R 5	U 8	24 : 3 = ☐☐	S 8	T 4	6 : 3 = ☐☐	U 2	L 4
30 : 3 = ☐☐	L 5	A 10	18 : 3 = ☐☐	H 6	A 4	12 : 3 = ☐☐	K 4	P 2
32 : 8 = ☐☐	A 7	V 4	18 : 2 = ☐☐	A 9	T 6	45 : 5 = ☐☐	L 9	K 8
9 : 3 = ☐☐	O 3	N 4	32 : 4 = ☐☐	S 8	T 4	36 : 4 = ☐☐	A 9	S 8
24 : 4 = ☐☐	D 6	N 7	48 : 8 = ☐☐	H 7	T 6	56 : 8 = ☐☐	U 9	S 7
27 : 3 = ☐☐	S 9	N 5	40 : 5 = ☐☐	M 8	N 9	20 : 4 = ☐☐	T 5	L 4
14 : 2 = ☐☐	C 5	E 7	3 : 3 = ☐☐	H 0	A 1	21 : 3 = ☐☐	! 7	? 6
0 : 3 = ☐☐	G 0	R 1	28 : 4 = ☐☐	E 6	C 7			
24 : 8 = ☐☐	G 5	E 3	70 : 10 = ☐☐	H 7	I 10			

Lösung: ☐☐☐☐☐, ☐☐☐ ☐☐☐☐ ☐☐ ☐☐☐☐☐☐ ☐☐☐☐☐☐☐ ☐

Aufgepasst: Mal und geteilt!

3 · 3 = ☐	6 · 3 = ☐
8 · 3 = ☐	27 : 3 = ☐
35 : 5 = ☐	16 : 2 = ☐
9 · 8 = ☐	9 · 4 = ☐
18 : 3 = ☐	9 : 3 = ☐
64 : 8 = ☐	32 : 8 = ☐
10 · 10 = ☐	16 : 4 = ☐
9 · 5 = ☐	8 · 5 = ☐
18 : 3 = ☐	21 : 3 = ☐
45 · 5 = ☐	6 · 4 = ☐

Teilen
durch

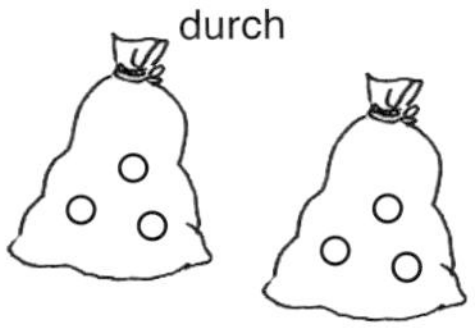

3

2 / 10 / 5 / 4 / 8 / 3

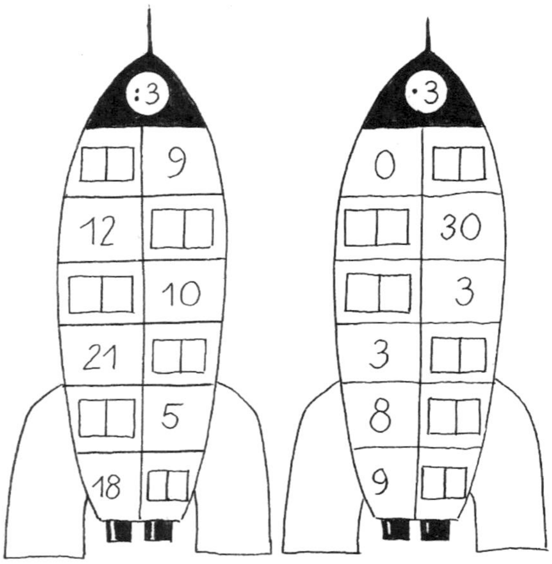

Finde passende Mal- und Geteiltaufgaben!

Mal	Zahl	Geteilt
3 · 2 =	6	6 : 3 = 2
☐ · ☐ =	12	☐ : ☐ = ☐
☐ · ☐ =	21	☐ : ☐ = ☐
☐ · ☐ =	24	☐ : ☐ = ☐
☐ · ☐ =	56	☐ : ☐ = ☐
☐ · ☐ =	32	☐ : ☐ = ☐
☐ · ☐ =	90	☐ : ☐ = ☐
☐ · ☐ =	35	☐ : ☐ = ☐
☐ · ☐ =	14	☐ : ☐ = ☐
☐ · ☐ =	15	☐ : ☐ = ☐

Teile durch 3 mit Rest!

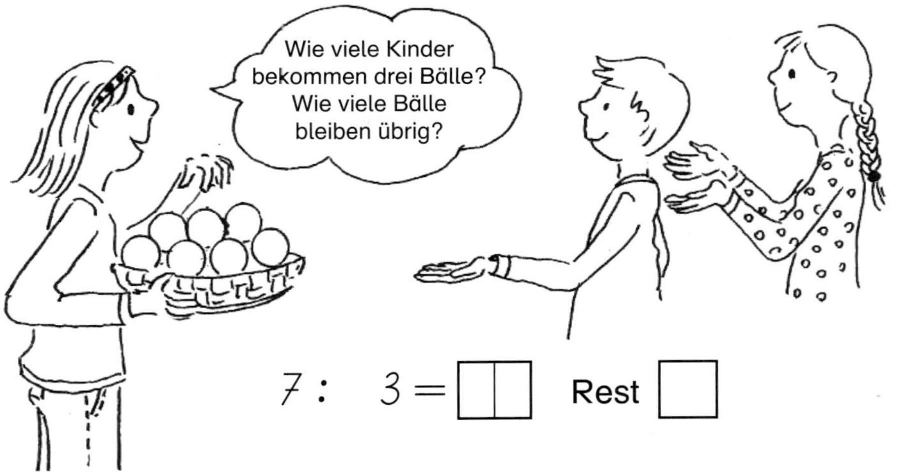

Teilen durch

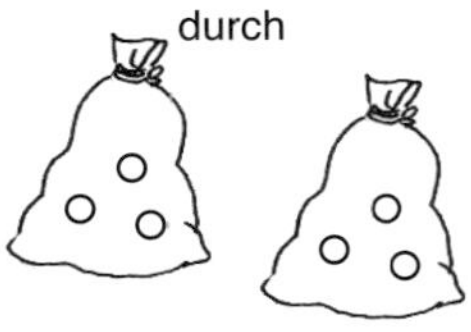

3

2 / 10 / 5 / 4 / 8 / 3

7 : 3 = ☐☐ Rest ☐

Wie viele 3er-Tüten? Wie viel Rest?

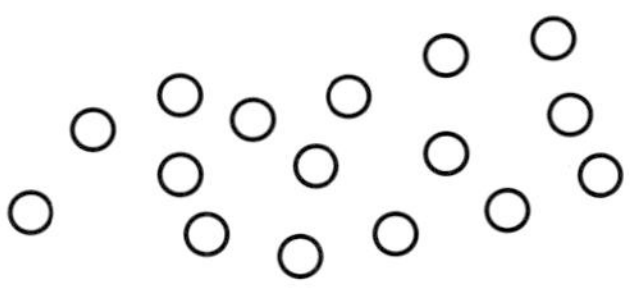

16 : 3 = ☐☐ Rest ☐

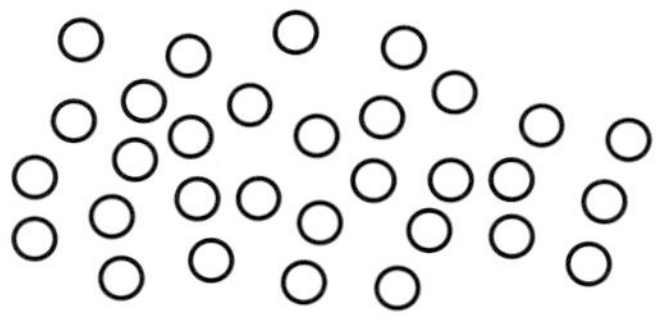

31 : 3 = ☐☐ Rest ☐

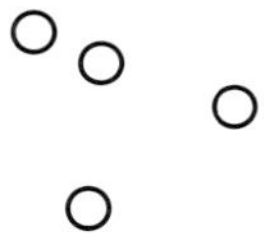

4 : 3 = ☐☐ Rest ☐

Rechnen mit Rest!

10 : 3 = ☐☐ R ☐	18 : 8 = ☐☐ R ☐	10 : 4 = ☐☐ R ☐
29 : 3 = ☐☐ R ☐	9 : 8 = ☐☐ R ☐	9 : 4 = ☐☐ R ☐
11 : 3 = ☐☐ R ☐	38 : 8 = ☐☐ R ☐	38 : 4 = ☐☐ R ☐
22 : 3 = ☐☐ R ☐	50 : 8 = ☐☐ R ☐	27 : 4 = ☐☐ R ☐
14 : 3 = ☐☐ R ☐	68 : 8 = ☐☐ R ☐	19 : 4 = ☐☐ R ☐

Rechne und verbinde mit dem Rest!

Rechengeschichten

Teilen
durch

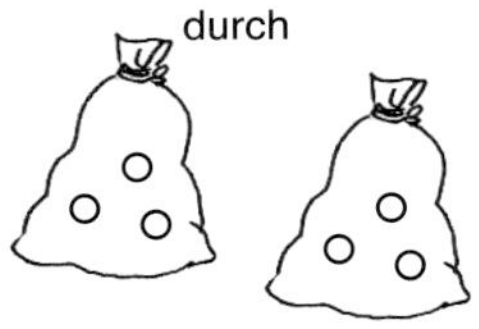

3

Edith, Jakob und Zissy wollen Ringewerfen spielen.
Sie haben zusammen 15 Ringe.
Wie oft kann jedes Kind werfen?

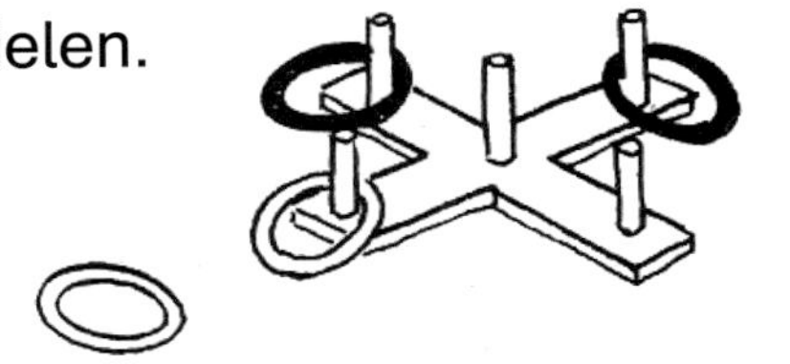

Wir rechnen: ☐☐ ◯ ☐☐ ◯ ☐☐

Wir antworten: ______________________________

Die Klasse 3b hat vier Gummibänder zum Gummihüpfen in der Pause.
Immer drei Kinder wollen zusammen spielen.
Wie viele Kinder können Gummihüpfen spielen?

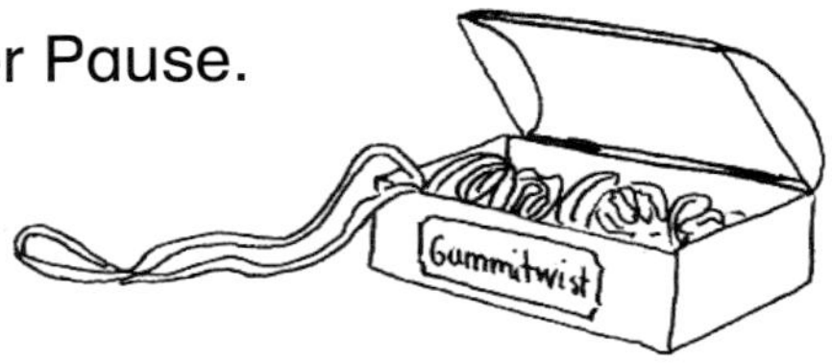

Wir rechnen: ☐☐ ◯ ☐☐ ◯ ☐☐

Wir antworten: ______________________________

14 Kinder wollen reiten. Immer zwei Kinder dürfen auf einem Pferd sitzen.
Wie viele Pferde müssen die Kinder von der Koppel holen?

Wir rechnen: ☐☐ ◯ ☐☐ ◯ ☐☐

Wir antworten: ______________________________

Drei Freundinnen wollen sich gemeinsam ein Diabolo kaufen.
Es kostet 24 Euro. Jede soll gleich viel bezahlen.
Wie viel Euro sind das für jedes Mädchen?

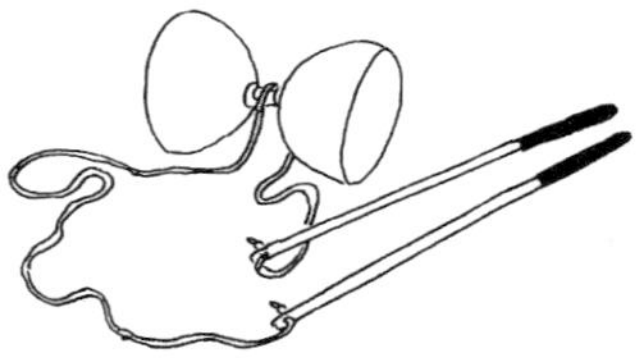

Wir rechnen: ☐☐ ◯ ☐☐ ◯ ☐☐

Wir antworten: ______________________________

Friedericke entdeckt wunderschöne Jonglierbälle im Geschäft.
Einer kostet drei Euro. Sie kauft drei Bälle.
Wie viel Euro muss sie bezahlen?

Wir rechnen: ☐☐ ◯ ☐☐ ◯ ☐☐

Wir antworten: ______________________________

Auf dem Reiterhof gibt es für das Ausmisten der Boxen drei Euro.
Günter hat bisher 18 Euro verdient.
Wie oft hat er schon ausgemistet?

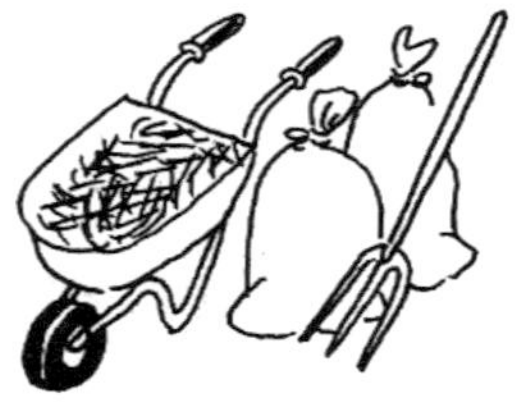

Wir rechnen: ☐☐ ◯ ☐☐ ◯ ☐☐

Wir antworten: ______________________________

Plusaufgaben und Malaufgaben mit 6

1 · 1 mit

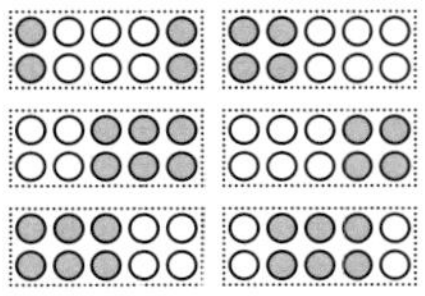

6

$6+6+6+6+6=$

$5 \cdot 6=$

$6+6=$

$2 \cdot 6=$

$6+6+6+6+6+6+6+6+6+6=$

$10 \cdot 6=$

Rechne plus und mal!

$6=$

$1 \cdot 6=$

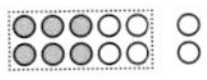

$6+6=$

$2 \cdot 6=$

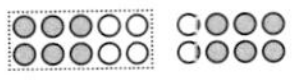

$6+6+6=$

$3 \cdot 6=$

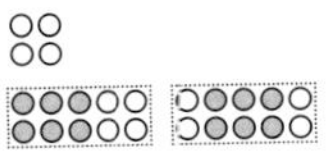

$6+6+6+6=$

$4 \cdot 6=$

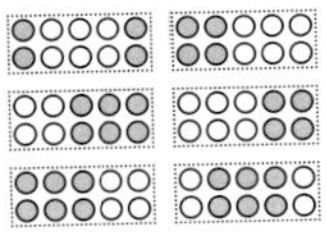

$6+6+6+6+6=$

$5 \cdot 6=$

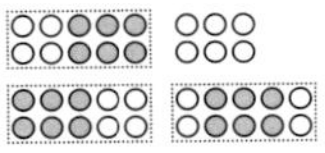

$6+6+6+6+6+6=$

$6 \cdot 6=$

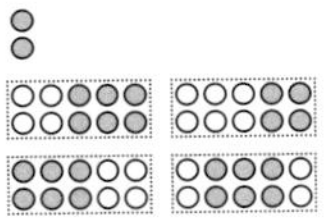

$6+6+6+6+6+6+6=$

$7 \cdot 6=$

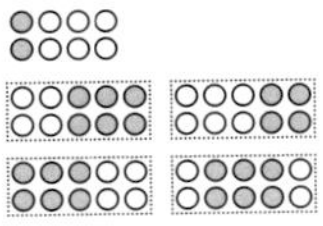

$6+6+6+6+6+6+6+6=$

$8 \cdot 6=$

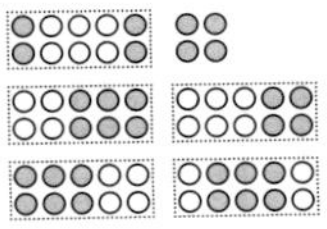

$6+6+6+6+6+6+6+6+6=$

$9 \cdot 6=$

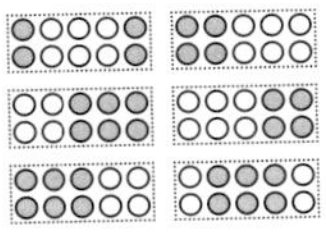

$6+6+6+6+6+6+6+6+6+6=$

$10 \cdot 6=$

Wie heißt die Malaufgabe?

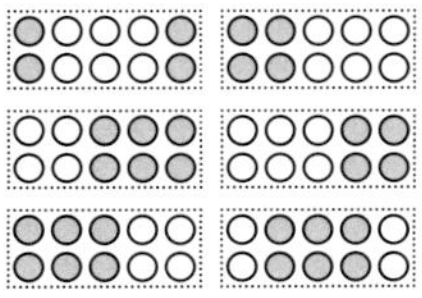

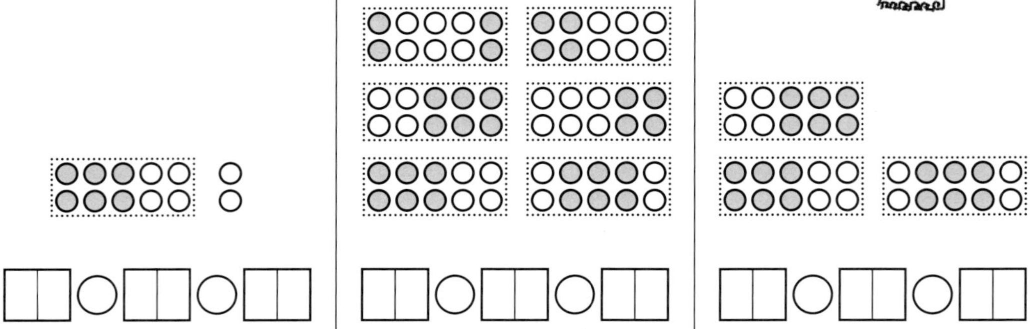

Male die Aufgabe!

5 · 6 = ☐☐

1 · 6 = ☐☐

10 · 6 = ☐☐

2 · 6 = ☐☐

Male nur die Ergebnisse des 6er-Einmaleins aus!

Rechne!

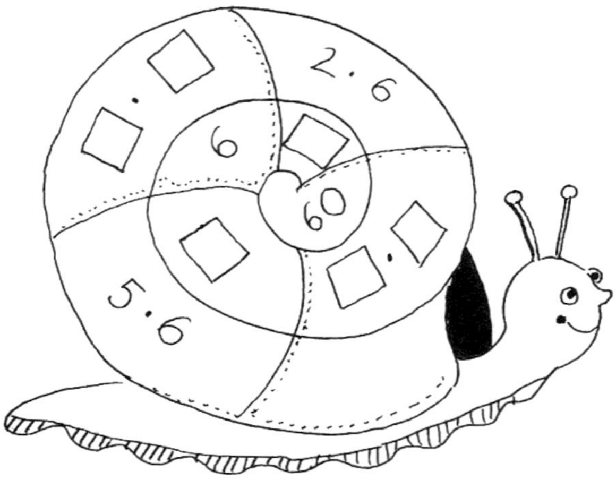

Immer 2 gehören zusammen: Male gleich aus!

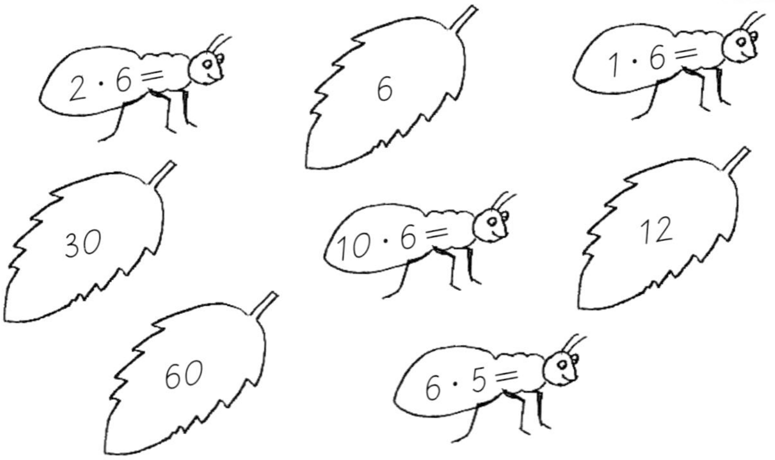

Rechnen mit der Zauberaufgabe*!

1 · 1 mit 6

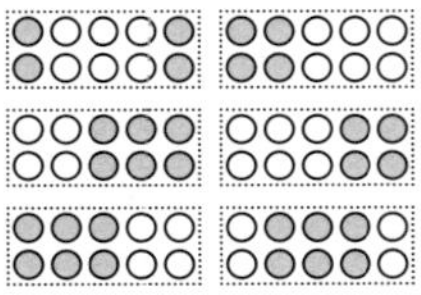

1 · 6 = ☐

2 · 6 ⊕ 1 · 6 → 3 · 6 = ☐

5 · 6 ⊖ 1 · 6 → 4 · 6 = ☐

5 · 6 ⊕ 1 · 6 → 6 · 6 = ☐

5 · 6 ⊕ 2 · 6 → 7 · 6 = ☐

10 · 6 ⊖ 2 · 6 → 8 · 6 = ☐

10 · 6 ⊖ 1 · 6 → 9 · 6 = ☐

2 · 6 → ☐ · 6 = ☐

10 · 6 → ☐ · 6 = ☐; ☐ · 6 = ☐

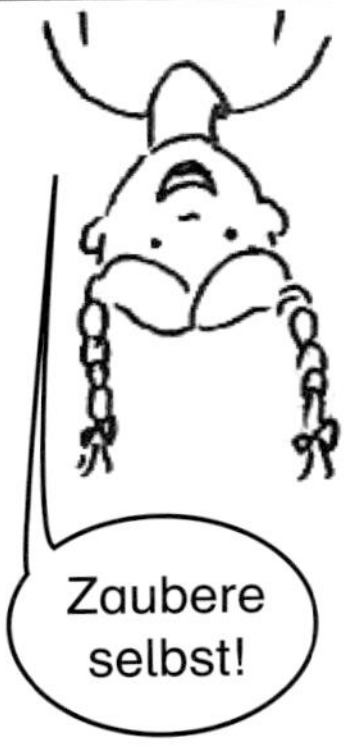

5 · 6 → ☐ · 6 = ☐; ☐ · 6 = ☐; ☐ · 6 = ☐

1 · 6 → ☐

Welche Zauberaufgabe hilft dir?

6 · 6 = ☐ — ☐ · ☐ = ☐

9 · 6 = ☐ — ☐ · ☐ = ☐

8 · 6 = ☐ — ☐ · ☐ = ☐

4 · 6 = ☐ — ☐ · ☐ = ☐

7 · 6 = ☐ — ☐ · ☐ = ☐

3 · 6 = ☐ — ☐ · ☐ = ☐

* Kernaufgabe

Schreibe auf!

Die Sechserzahl nach 9 ist: 12	
Die Sechserzahl nach 19 ist: ☐	
Die Sechserzahl nach 47 ist: ☐	
Die Sechserzahl nach 39 ist: ☐	
Die Sechserzahl nach 0 ist: ☐	Die Sechserzahl nach 52 ist: ☐
Die Sechserzahl nach 31 ist: ☐	Die Sechserzahl nach 58 ist: ☐

1 · 6 = ☐
2 · 6 = ☐
5 · 6 = ☐
10 · 6 = ☐

1·1 mit 6

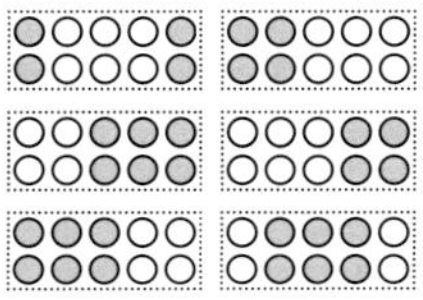

Rechne und verbinde der Reihe nach im Bild!

9 · 6 = ☐	4 · 6 = ☐
3 · 6 = ☐	2 · 6 = ☐
0 · 6 = ☐	8 · 6 = ☐
7 · 6 = ☐	10 · 6 = ☐
5 · 6 = ☐	1 · 6 = ☐

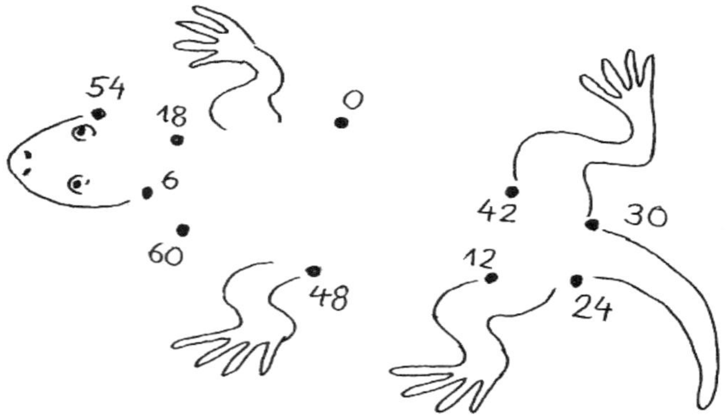

Aufgaben-Terrarium

Achtung: 1·1 gemischt!

5 · 8 = ☐

2 · 6 = ☐

1 · 3 = ☐

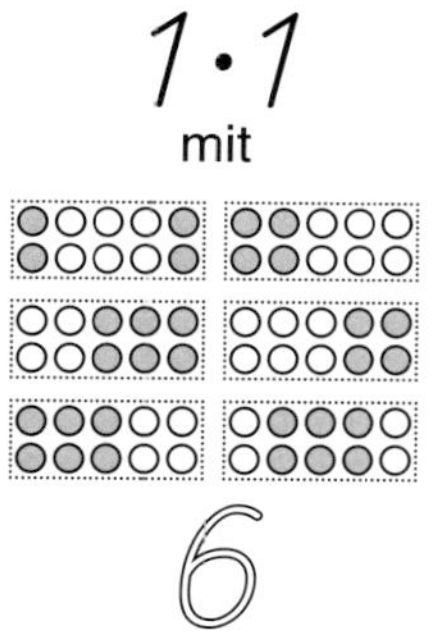

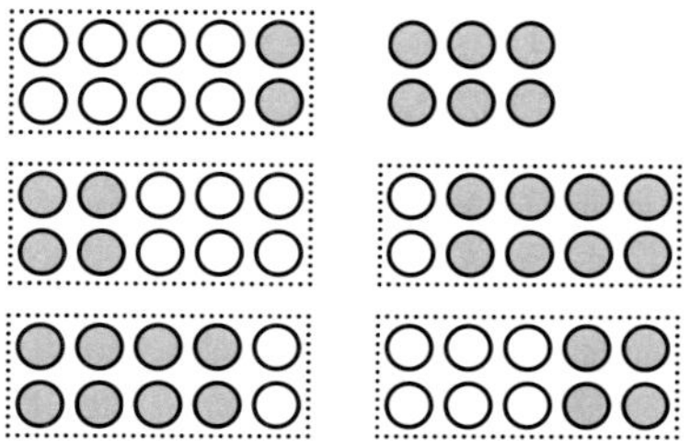

7 · 8 = ☐

3 · 6 = ☐

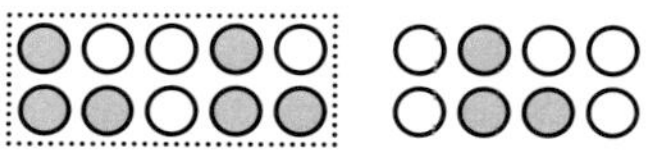

6 · 3 = ☐

1 · 6 = ☐
2 · 6 = ☐
5 · 6 = ☐
10 · 6 = ☐

Rechne und male die Ergebnisse unten aus!

5 · 6 = ☐	9 · 5 = ☐	3 · 4 = ☐	5 · 4 = ☐
9 · 8 = ☐	6 · 8 = ☐	4 · 6 = ☐	6 · 5 = ☐
3 · 6 = ☐	4 · 3 = ☐	7 · 3 = ☐	9 · 6 = ☐
6 · 10 = ☐	9 · 4 = ☐	8 · 8 = ☐	6 · 6 = ☐
3 · 3 = ☐	7 · 2 = ☐	7 · 6 = ☐	8 · 6 = ☐

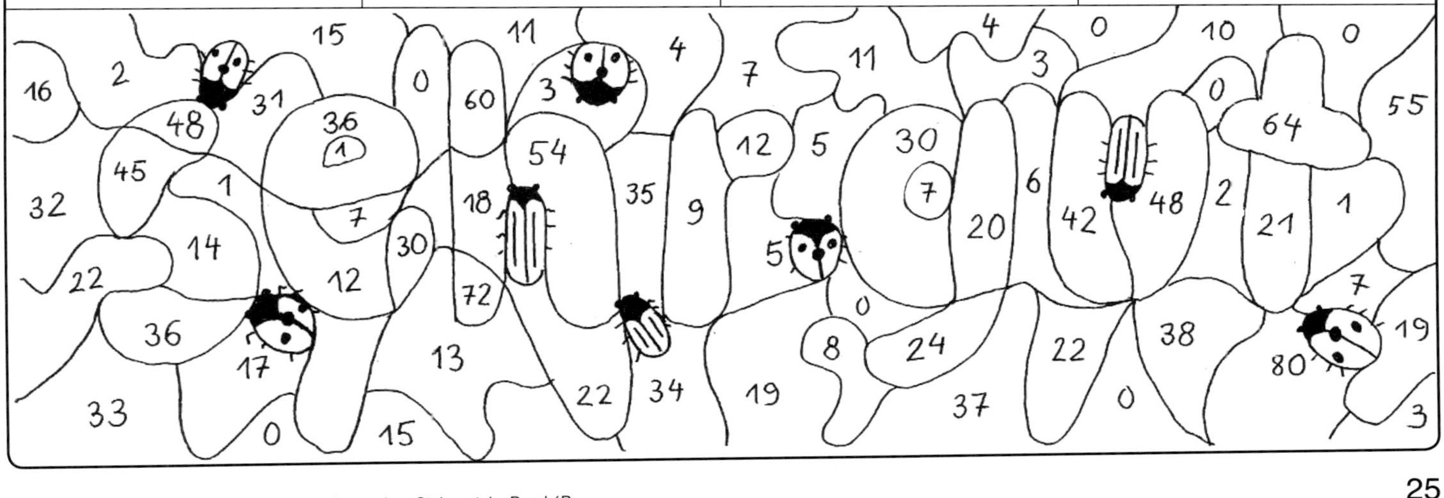

Mal-Tabellen

·	3	6
1	3	
2		
3		
4		
5		

·	3	6
6		
7		
8		
9		
10		

1·1

mit

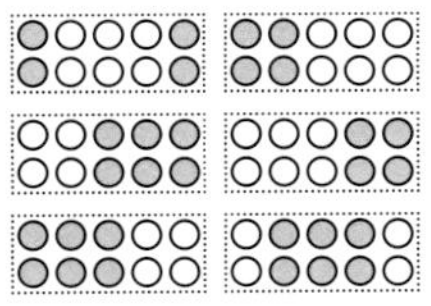

6

2 / 10 / 5 / 4 / 8 / 3 / 6

4er- und 6er-Einmaleins: Male die richtigen Ergebnisse an!

Finde die Malaufgaben!

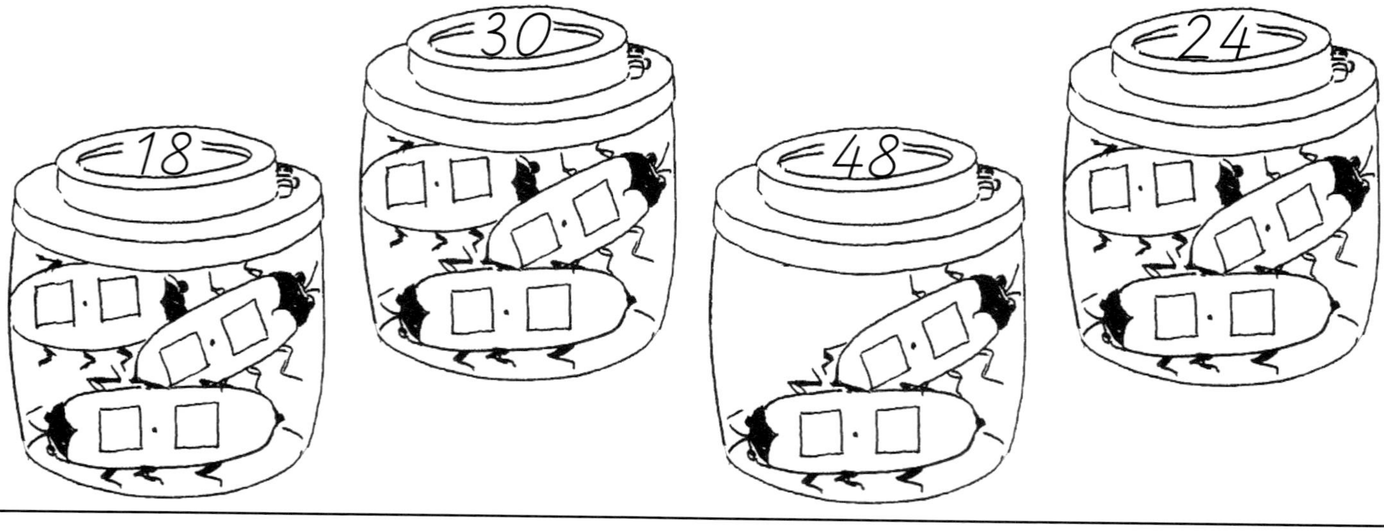

Tauschaufgaben

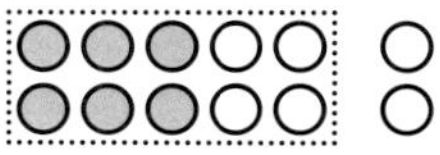	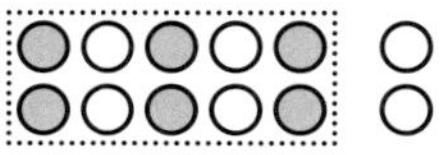
2 · 6 = ☐	6 · 2 = ☐

1 · 1 mit 6

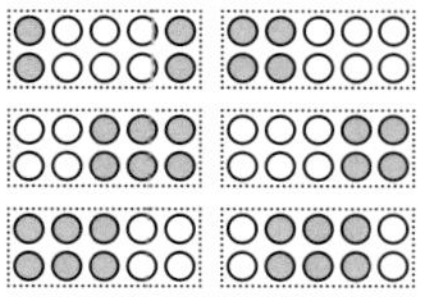

6

Wie heißt die Tauschaufgabe?

6 · 8 = ☐ ☐ · ☐ = ☐	6 · 10 = ☐ ☐ · ☐ = ☐	8 · 6 = ☐ ☐ · ☐ = ☐	4 · 6 = ☐ ☐ · ☐ = ☐
1 · 6 = ☐ ☐ · ☐ = ☐	6 · 3 = ☐ ☐ · ☐ = ☐	10 · 6 = ☐ ☐ · ☐ = ☐	3 · 4 = ☐ ☐ · ☐ = ☐
5 · 3 = ☐ ☐ · ☐ = ☐	5 · 6 = ☐ ☐ · ☐ = ☐	2 · 8 = ☐ ☐ · ☐ = ☐	6 · 4 = ☐ ☐ · ☐ = ☐

Tauschaufgaben und Ergebnis: Male in der gleichen Farbe an!

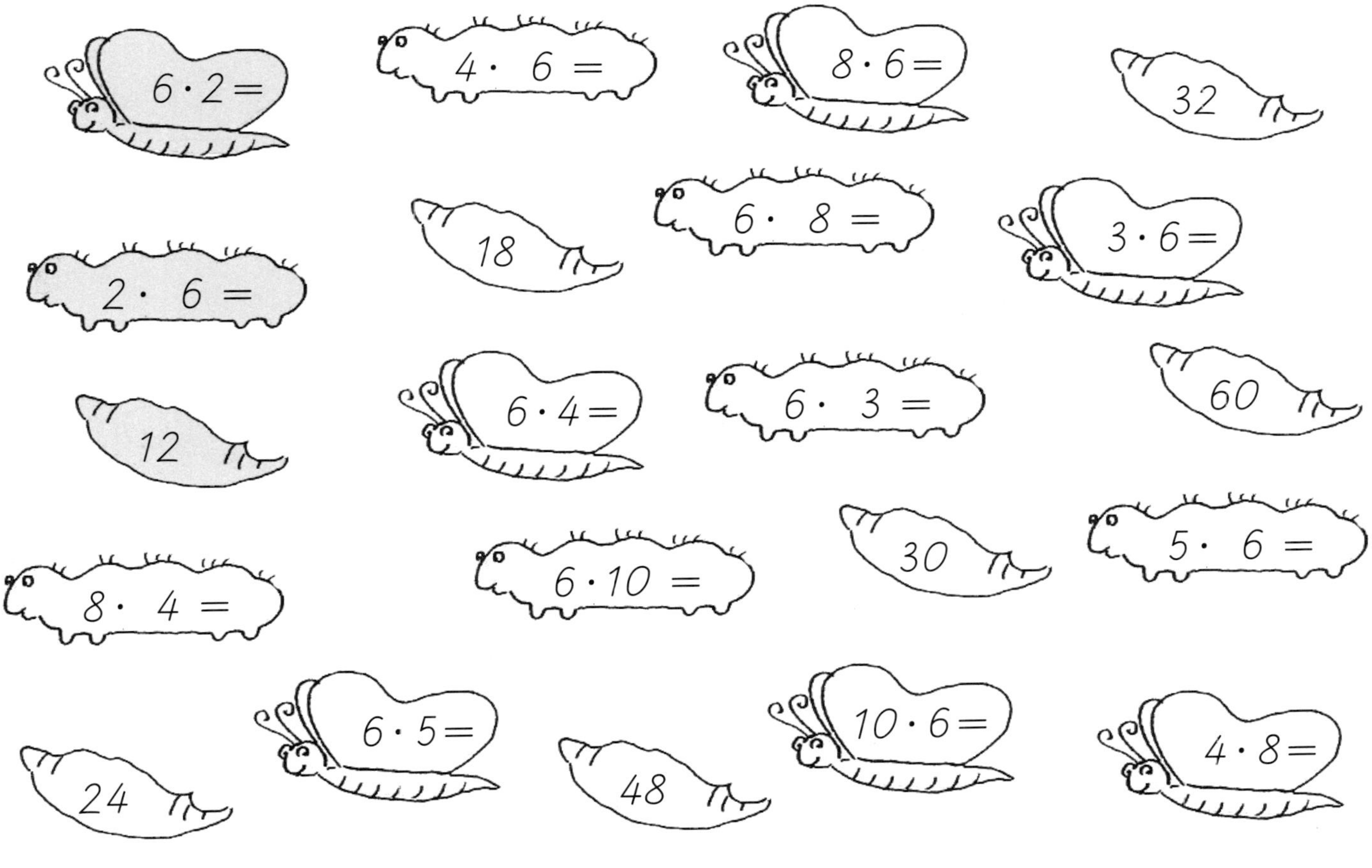

Rechengeschichten

1 · 6 = ☐☐
2 · 6 = ☐☐
5 · 6 = ☐☐
10 · 6 = ☐☐

1 · 1 mit 6

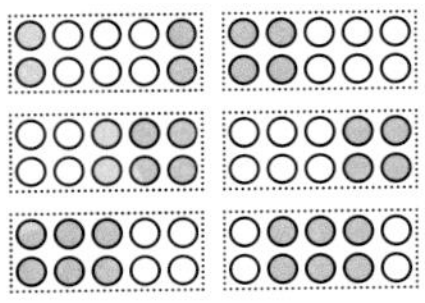

Johanna, Lisa und Selma holen mit ihren Fangnetzen Blutegel aus dem Bach. Jede erwischt zehn Stück. Wie viele sind in ihrem Eimer?

Wir rechnen: ☐☐ ○ ☐☐ ○ ☐☐

Wir antworten: ______________________________

Nach dem Waldtag zählt Uli ihre Mückenstiche. An jedem Bein, einem Arm und im Gesicht findet sie jeweils sechs Stiche. Wie oft wurde sie gestochen?

Wir rechnen: ☐☐ ○ ☐☐ ○ ☐☐

Wir antworten: ______________________________

Beim Lagerfeuer rösten Bernd und seine fünf Freunde Stockbrot. Es schmeckt so gut, dass sich jeder Junge fünf Mal Brot auf den Stock steckt. Wie viele Stockbrote werden gegessen?

Wir rechnen: ☐☐ ○ ☐☐ ○ ☐☐

Wir antworten: ______________________________

Ich möchte für meine Kinder in der Klasse sieben Schnitzmesser kaufen. Eines kostet sechs Euro. Wie viel Euro muss ich bezahlen?

Wir rechnen: ☐☐ ○ ☐☐ ○ ☐☐

Wir antworten: ______________________________

Der Eintritt in den Naturpark kostet für jedes Kind drei Euro. Wir sind zu fünft. Wie viel müssen wir für den Eintritt bezahlen?

Wir rechnen: ☐☐ ○ ☐☐ ○ ☐☐

Wir antworten: ______________________________

Für unsere Waldausflüge brauchen Malte, Till und ich dringend neue Trinkflaschen. Eine kostet sechs Euro. Wie viel Geld muss ich bezahlen?

Wir rechnen: ☐☐ ○ ☐☐ ○ ☐☐

Wir antworten: ______________________________

Teile durch 6!

Teilen durch

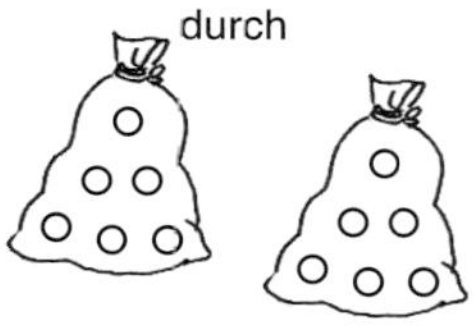

6

12 : 6 = [ ]

denn 2 · 6 = [ ]

Wie viele 6er-Tüten kannst du voll machen?

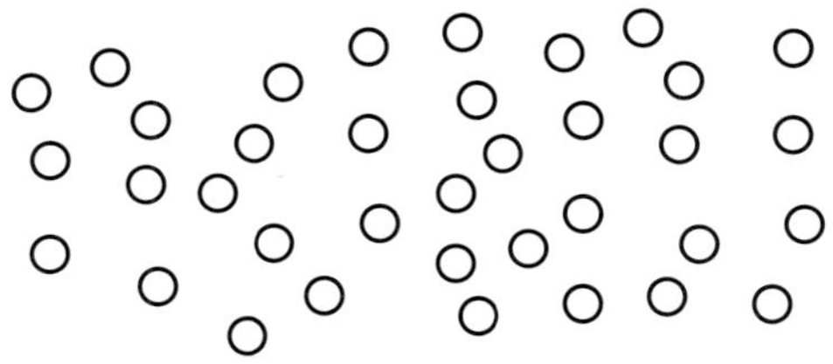

36 : 6 = [ ]

denn 6 · 6 = [ ]

Wie viele 6er-Tüten kannst du voll machen?

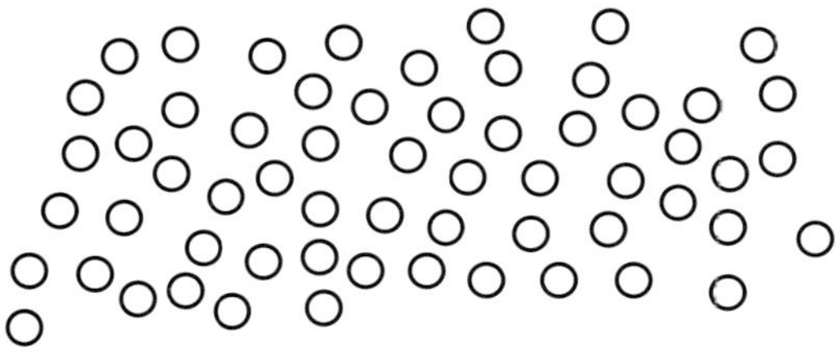

60 : 6 = [ ]

denn 10 · 6 = [ ]

Teile durch 6: Die Malaufgabe hilft!

6 : 6 = [ ]
denn [ ] · 6 = [ ]

12 : 6 = [ ]
denn [ ] · 6 = [ ]

18 : 6 = [ ]
denn [ ] · 6 = [ ]

24 : 6 = [ ]
denn [ ] · 6 = [ ]

30 : 6 = [ ]
denn [ ] · 6 = [ ]

36 : 6 = [ ]
denn [ ] · 6 = [ ]

42 : 6 = [ ]
denn [ ] · 6 = [ ]

48 : 6 = [ ]
denn [ ] · 6 = [ ]

54 : 6 = [ ]
denn [ ] · 6 = [ ]

60 : 6 = [ ]
denn [ ] · 6 = [ ]

Wie heißen die Aufgaben?

Teilen durch

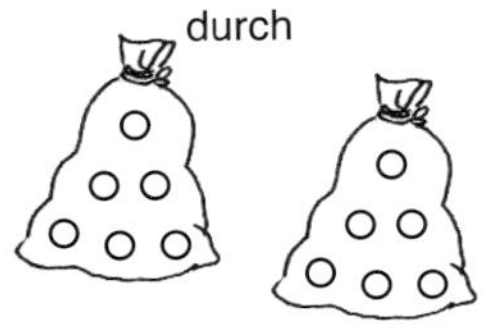

6

18 : 6 = ☐

denn ☐ · 6 = ☐

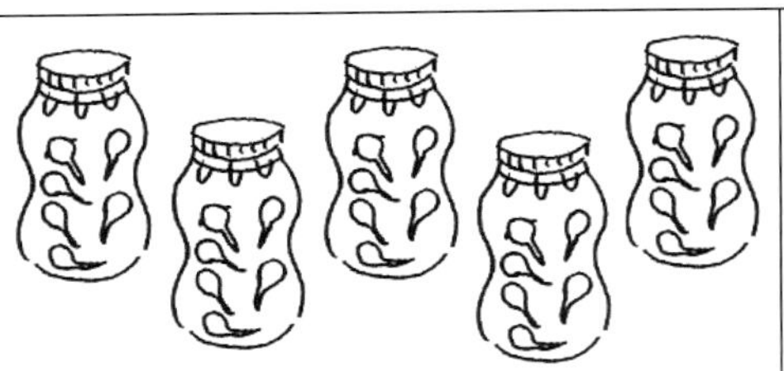

☐ : ☐ = ☐

denn ☐ · 6 = ☐

☐ : ☐ = ☐

denn ☐ · 6 = ☐

Rechne und verbinde der Reihe nach!

24 : 6 = ☐	18 : 6 = ☐
6 : 6 = ☐	30 : 6 = ☐
12 : 6 = ☐	60 : 6 = ☐
42 : 6 = ☐	36 : 6 = ☐
54 : 6 = ☐	48 : 6 = ☐

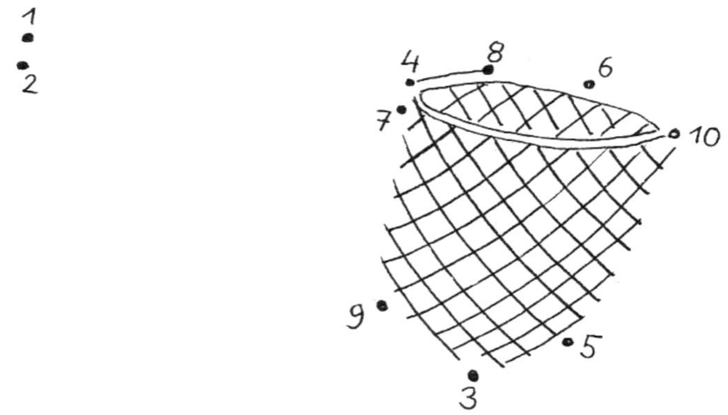

Gartenmauer! Schreibe der Reihe nach auf und rechne.

6 : 6 = ☐ 12 : 6 = ☐

: = ☐ : = ☐

30 : 6 = ☐ : = ☐ : = ☐

: = ☐ : = ☐ 60 : 6 = ☐

Bach-Aufgaben

7 · 6 = ☐ 18 : 6 = ☐ 60 : 6 = ☐ 6 : 6 = ☐ 48 : 6 = ☐

42 : 6 = ☐ 54 : 6 = ☐

9 · 6 = ☐ 6 · 6 = ☐ 8 · 6 = ☐

30 : 6 = ☐ 0 · 6 = ☐

12 : 6 = ☐ 4 · 6 = ☐ 36 : 6 = ☐

24 : 6 = ☐

Teilen durch 8, 3 und 6!

42 : 6 = ☐☐	30 : 3 = ☐☐	16 : 8 = ☐☐
54 : 6 = ☐☐	15 : 3 = ☐☐	40 : 8 = ☐☐
60 : 6 = ☐☐	24 : 3 = ☐☐	8 : 8 = ☐☐
36 : 6 = ☐☐	21 : 3 = ☐☐	72 : 8 = ☐☐
48 : 6 = ☐☐	18 : 3 = ☐☐	64 : 8 = ☐☐

Teilen
durch

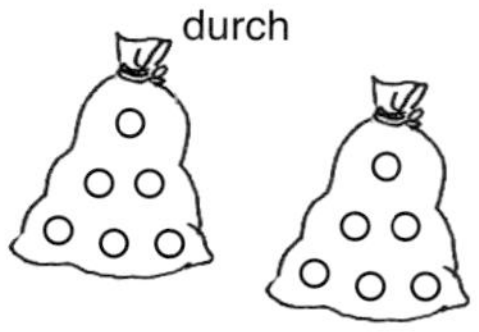

6

2 / 10 / 5 / 4 / 8 / 3 / 6

Für Spürnasen: Rechne zuerst, finde dann eine passende Aufgabe!

54 : 6 = ☐☐	8 : 8 = ☐☐	6 : 6 = ☐☐
35 : 5 = ☐☐	12 : 6 = ☐☐	12 : 4 = ☐☐
28 : 4 = ☐☐	9 : 3 = ☐☐	18 : 3 = ☐☐
18 : 3 = ☐☐	24 : 6 = ☐☐	24 : 6 = ☐☐
☐☐ : ☐☐ = ☐☐	☐☐ : ☐☐ = ☐☐	☐☐ : ☐☐ = ☐☐

Gemischte Geteiltaufgaben: Schreibe die Lösung unten auf!

27 : 3 = ☐☐	B 5	D 9	56 : 8 = ☐☐	S 8	Ö 7	60 : 6 = ☐☐	G 9	S 10
24 : 6 = ☐☐	E 4	U 8	35 : 5 = ☐☐	S 7	T 6	0 : 6 = ☐☐	U 1	T 0
48 : 6 = ☐☐	I 8	K 6	12 : 6 = ☐☐	M 3	U 2	64 : 8 = ☐☐	N 9	G 8
48 : 8 = ☐☐	N 6	V 7	36 : 4 = ☐☐	N 9	T 8	45 : 5 = ☐☐	A 9	O 8
9 : 3 = ☐☐	Ü 2	E 3	30 : 6 = ☐☐	G 5	T 4	36 : 6 = ☐☐	N 6	S 7
28 : 4 = ☐☐	L 7	N 6	18 : 3 = ☐☐	H 7	I 6	12 : 3 = ☐☐	U 3	Z 4
90 : 10 = ☐☐	R 9	N 10	42 : 6 = ☐☐	T 7	N 8			
18 : 6 = ☐☐	I 3	C 2	32 : 8 = ☐☐	H 3	I 4			
16 : 4 = ☐☐	C 4	H 3	21 : 3 = ☐☐	E 6	G 7			
54 : 6 = ☐☐	G 8	H 9	6 : 6 = ☐☐	! 1	. 0			

Lösung: ☐☐☐☐☐ ☐☐☐☐☐☐ ☐☐☐ ☐☐☐☐ ☐☐☐☐☐☐☐ ☐

Aufgepasst: Mal und geteilt!

7 · 6 = ☐	4 · 4 = ☐
7 · 8 = ☐	56 : 8 = ☐
45 : 5 = ☐	54 : 6 = ☐
9 · 8 = ☐	9 · 6 = ☐
36 : 6 = ☐	42 : 6 = ☐
24 : 6 = ☐	30 : 6 = ☐
10 · 3 = ☐	32 : 4 = ☐
8 · 8 = ☐	8 · 6 = ☐
60 : 6 = ☐	48 : 6 = ☐
27 : 3 = ☐	7 · 4 = ☐

Teilen
durch

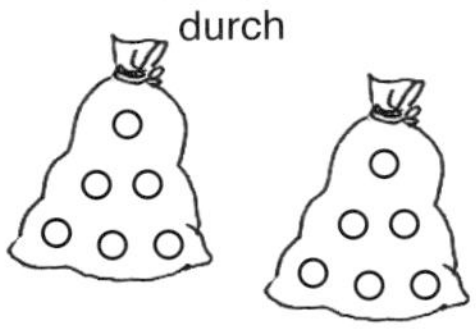

6

2/10/5/4/8/3/6

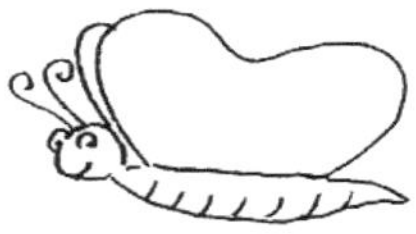

: 6	
☐	9
24	☐
☐	10
42	☐
☐	5
☐	3
12	☐

· 6	
0	☐
☐	30
☐	18
4	☐
8	☐
☐	42
9	☐

Finde passende Mal- und Geteiltaufgaben!

☐ · ☐ — 15 — ☐ : ☐ = ☐

☐ · ☐ — 54 — ☐ : ☐ = ☐

☐ · ☐ — 18 — ☐ : ☐ = ☐

☐ · ☐ — 30 — ☐ : ☐ = ☐

☐ · ☐ — 24 — ☐ : ☐ = ☐

☐ · ☐ — 12 — ☐ : ☐ = ☐

Teile durch 3 mit Rest!

14 : 6 = ☐☐ Rest ☐

Teilen durch

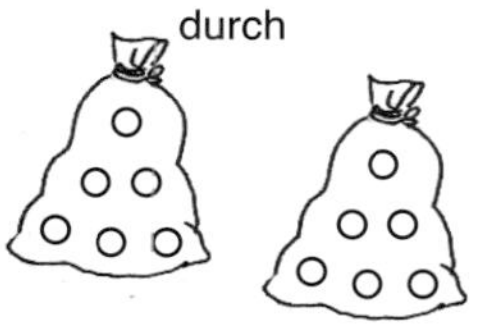

6

2 / 10 / 5 / 4 / 8 / 3 / 6

Wie viele 6er-Tüten? Wie viel Rest?

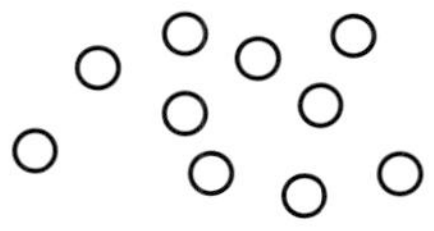

10 : 6 = ☐☐ Rest ☐

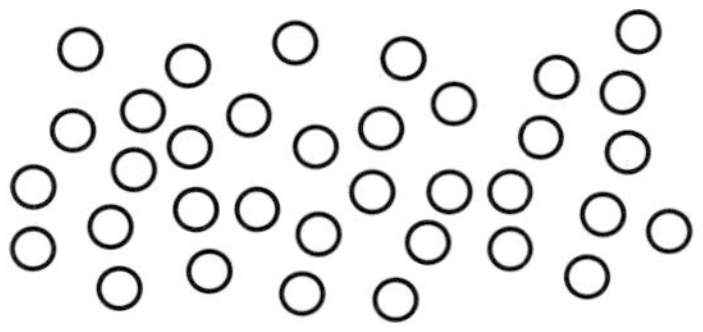

35 : 6 = ☐☐ Rest ☐

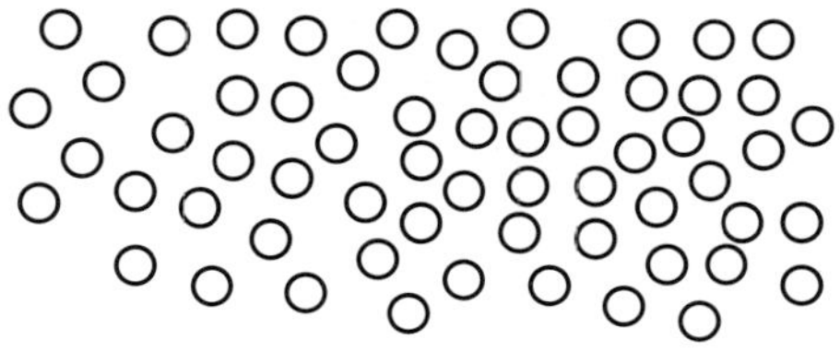

61 : 6 = ☐☐ Rest ☐

Rechnen mit Rest!

57 : 6 = ☐☐ R ☐	22 : 3 = ☐☐ R ☐	58 : 8 = ☐☐ R ☐
38 : 6 = ☐☐ R ☐	26 : 3 = ☐☐ R ☐	27 : 8 = ☐☐ R ☐
20 : 6 = ☐☐ R ☐	11 : 3 = ☐☐ R ☐	67 : 8 = ☐☐ R ☐
52 : 6 = ☐☐ R ☐	13 : 3 = ☐☐ R ☐	50 : 8 = ☐☐ R ☐
41 : 6 = ☐☐ R ☐	16 : 3 = ☐☐ R ☐	76 : 8 = ☐☐ R ☐

Rechne und verbinde mit dem Rest!

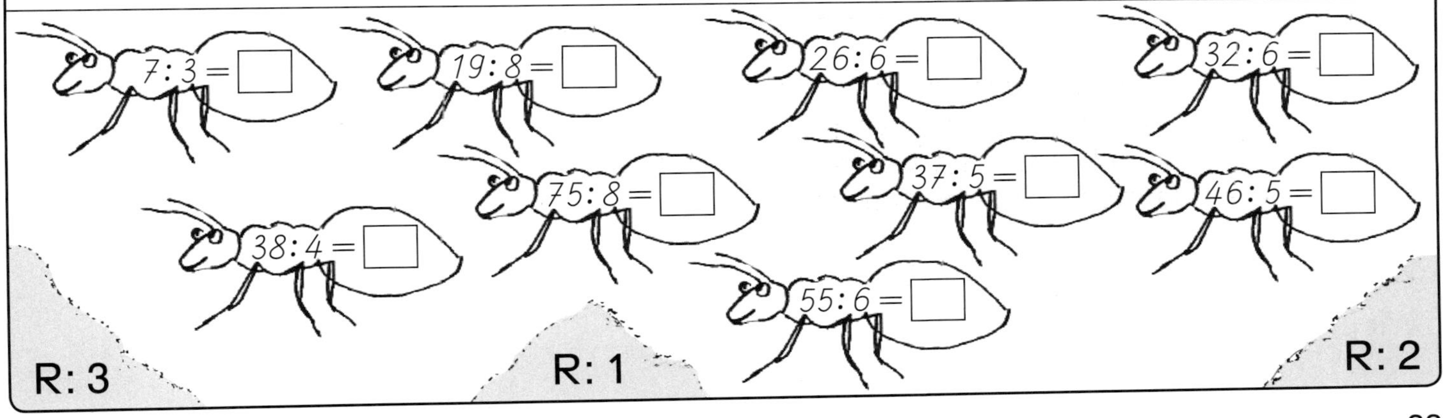

Rechengeschichten

Teilen
durch

Sechs Kinder finden im Gebüsch 24 leere Schneckenhäuser.
Sie teilen sie gerecht auf.
Wie viele bekommt jedes Kind?

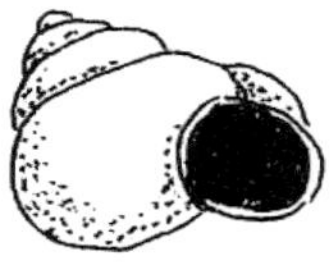

Wir rechnen: ☐☐ ◯ ☐☐ ◯ ☐☐

Wir antworten: ____________________

Peter hat in seiner Becherlupe 9 Käfer.
Wie viele Beine krabbeln darin herum?

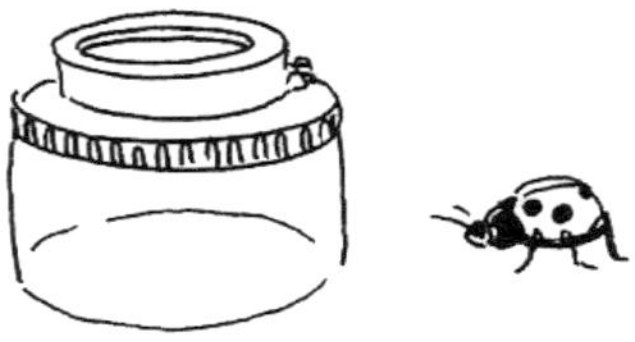

Wir rechnen: ☐☐ ◯ ☐☐ ◯ ☐☐

Wir antworten: ____________________

Maria sagt: „Ich habe 9 Spinnen in meiner Becherlupe.
Bei mir krabbeln mehr Beine.“
Wie viele Beine krabbeln in ihrer Becherlupe?

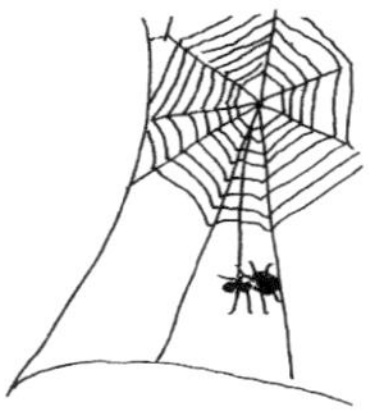

Wir rechnen: ☐☐ ◯ ☐☐ ◯ ☐☐

Wir antworten: ____________________

Die Lehrerin kauft für ihre Kinder in der dritten Klasse Becherlupen.
Eine kostet drei Euro. Sie hat 27 Euro in der Klassenkasse.
Wie viele Lupen kann sie davon kaufen?

Wir rechnen: ☐☐ ◯ ☐☐ ◯ ☐☐

Wir antworten: ____________________

Je ein Bestimmungsbuch für Pflanzen, Käfer, Vögel und Bäume kommt in die Klassenbücherei. Die Lehrerin erhält eine Rechnung von 24 Euro.
Wie viel kostet ein Buch?

Wir rechnen: ☐☐ ◯ ☐☐ ◯ ☐☐

Wir antworten: ____________________

Jeden Monat sparen Hannah und Magdalena 6 Euro.
Sie wollen sich einen Experimentierkasten kaufen.
Wie viel Euro haben sie in einem halben Jahr gespart?

Wir rechnen: ☐☐ ◯ ☐☐ ◯ ☐☐

Wir antworten: ____________________

Plusaufgaben und Malaufgaben mit 7

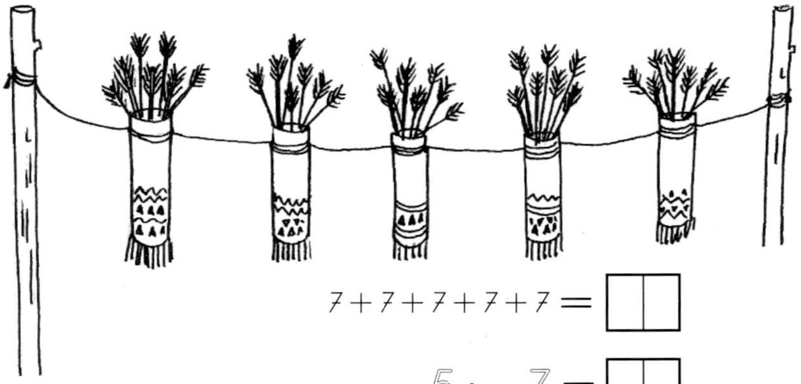

1 · 1 mit 7

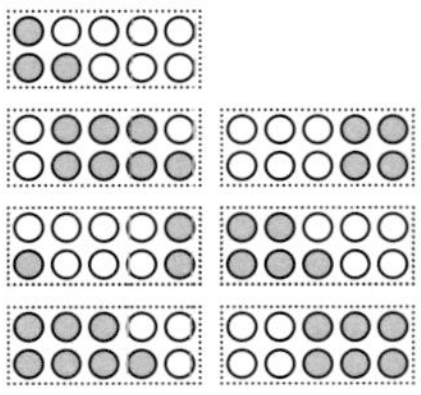

7 + 7 + 7 + 7 + 7 = ☐☐

5 · 7 = ☐☐

7 + 7 = ☐☐

2 · 7 = ☐☐

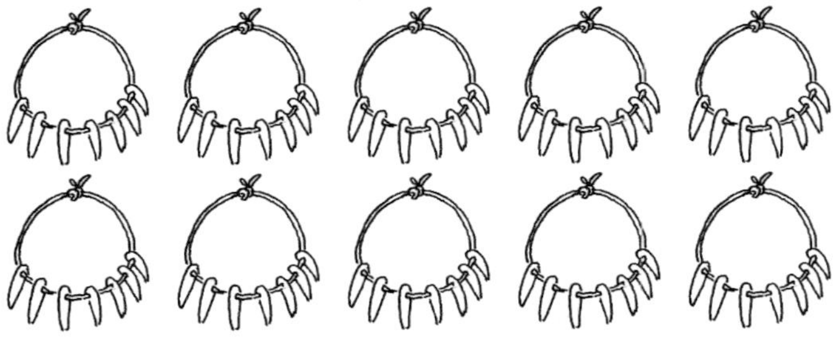

7 + 7 + 7 + 7 + 7 + 7 + 7 + 7 + 7 + 7 = ☐☐

10 · 7 = ☐☐

Rechne plus und mal!

7 = ☐☐

1 · 7 = ☐☐

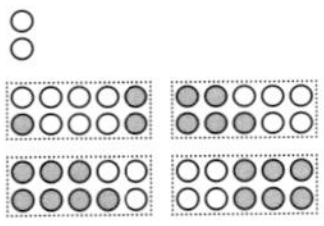

7 + 7 + 7 + 7 + 7 + 7 = ☐☐

6 · 7 = ☐☐

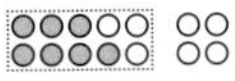

7 + 7 = ☐☐

2 · 7 = ☐☐

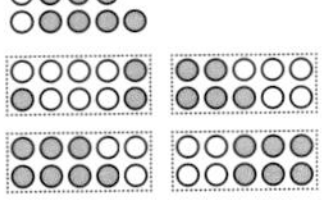

7 + 7 + 7 + 7 + 7 + 7 + 7 = ☐☐

7 · 7 = ☐☐

7 + 7 + 7 = ☐☐

3 · 7 = ☐☐

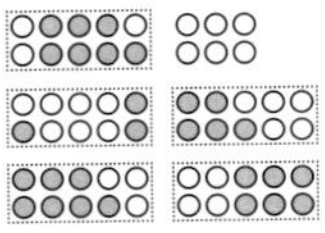

7 + 7 + 7 + 7 + 7 + 7 + 7 + 7 = ☐☐

8 · 7 = ☐☐

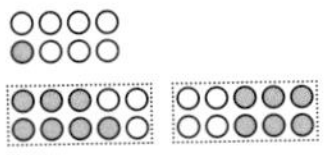

7 + 7 + 7 + 7 = ☐☐

4 · 7 = ☐☐

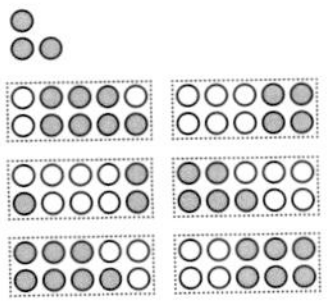

7 + 7 + 7 + 7 + 7 + 7 + 7 + 7 + 7 = ☐☐

9 · 7 = ☐☐

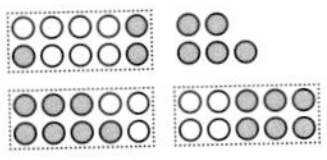

7 + 7 + 7 + 7 + 7 = ☐☐

5 · 7 = ☐☐

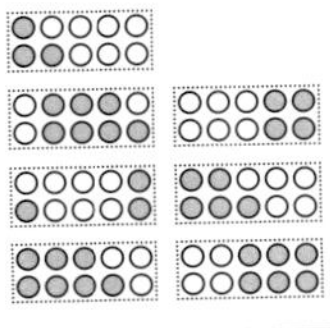

7 + 7 + 7 + 7 + 7 + 7 + 7 + 7 + 7 + 7 = ☐☐

10 · 7 = ☐☐

Wie heißt die Malaufgabe?

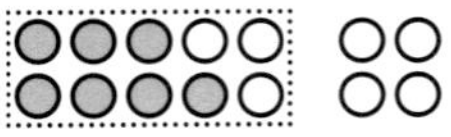

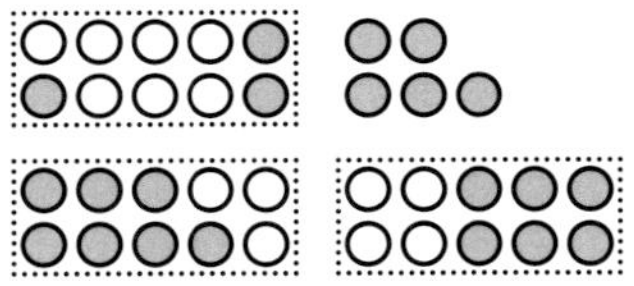

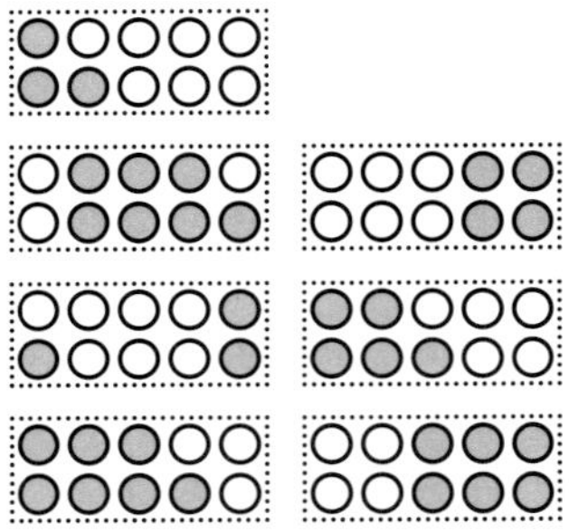

1 · 1 mit

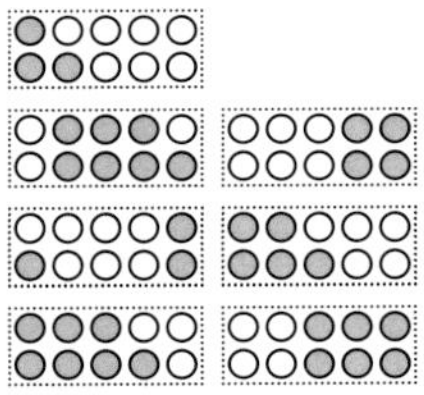

7

Male die Aufgabe!

$5 \cdot 7 =$ ☐☐

$2 \cdot 7 =$ ☐☐

$1 \cdot 7 =$ ☐☐

$10 \cdot 7 =$ ☐☐

Male nur die Ergebnisse des 7er-Einmaleins aus!

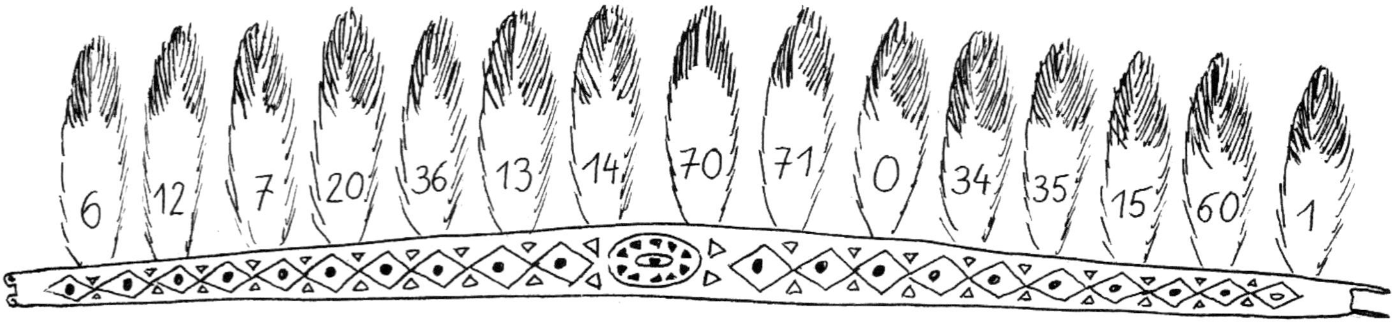

Rechne!

Immer 2 gehören zusammen: Verbinde!

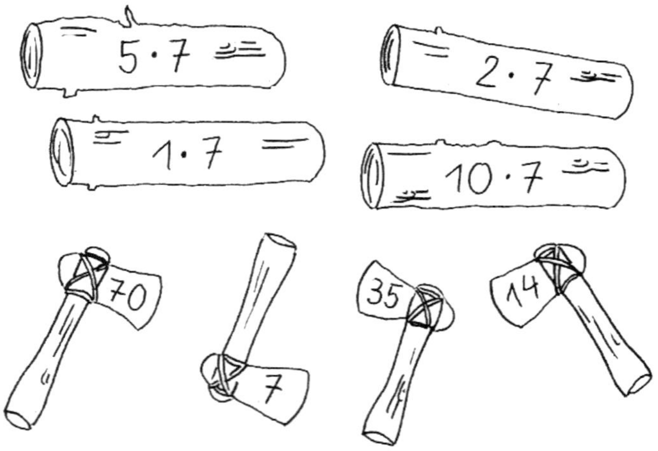

Rechnen mit der Zauberaufgabe*!

1·1 mit 7

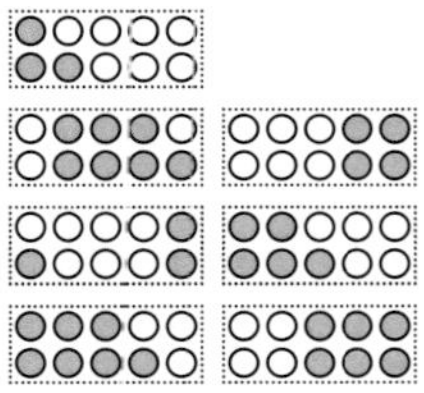

1 · 7 = □

2 · 7 — ⊕ 1 · 7 — 3 · 7 = □

5 · 7 — ⊖ 1 · 7 — 4 · 7 = □
5 · 7 — ⊕ 1 · 7 — 6 · 7 = □
5 · 7 — ⊕ 2 · 7 — 7 · 7 = □

10 · 7 — ⊖ 2 · 7 — 8 · 7 = □
10 · 7 — ⊖ 1 · 7 — 9 · 7 = □

2 · 7 — □ · 7 = □

10 · 7 — □ · 7 = □
□ · 7 = □

5 · 7 — □ · 7 = □
□ · 7 = □
□ · 7 = □

1 · 7 — □

Welche Zauberaufgabe hilft dir?

6 · 7 = □ — □ · □ = □

9 · 7 = □ — □ · □ = □

8 · 7 = □ — □ · □ = □

4 · 7 = □ — □ · □ = □

7 · 7 = □ — □ · □ = □

3 · 7 = □ — □ · □ = □

* Kernaufgabe

Schreibe auf!

$1 \cdot 7 = \square$
$2 \cdot 7 = \square$
$5 \cdot 7 = \square$
$10 \cdot 7 = \square$

Die Siebenerzahl nach 9 ist: 14
Die Siebenerzahl nach 19 ist: ☐
Die Siebenerzahl nach 47 ist: ☐
Die Siebenerzahl nach 36 ist: ☐
Die Siebenerzahl nach 0 ist: ☐
Die Siebenerzahl nach 31 ist: ☐
Die Siebenerzahl nach 56 ist: ☐
Die Siebenerzahl nach 22 ist: ☐

1 · 1 mit 7

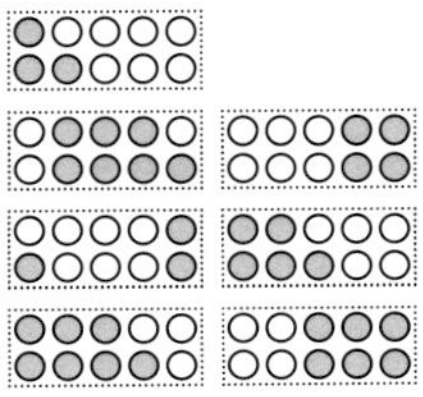

Rechne und verbinde der Reihe nach im Bild!

$10 \cdot 7 = \square$	$3 \cdot 7 = \square$
$2 \cdot 7 = \square$	$8 \cdot 7 = \square$
$1 \cdot 7 = \square$	$4 \cdot 7 = \square$
$5 \cdot 7 = \square$	$6 \cdot 7 = \square$
$7 \cdot 7 = \square$	$9 \cdot 7 = \square$

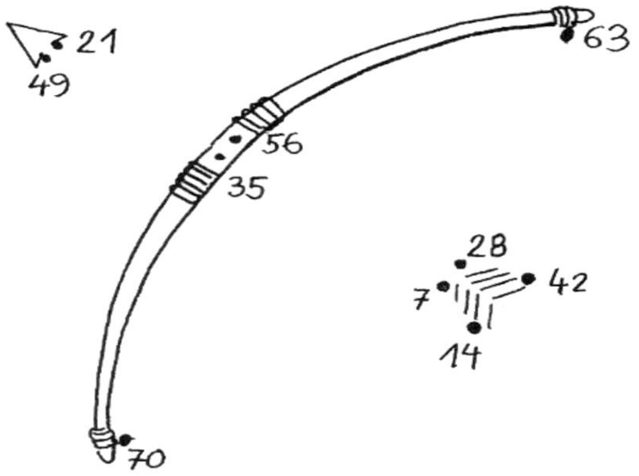

Wigwam-Aufgaben

Achtung: 1·1 gemischt!

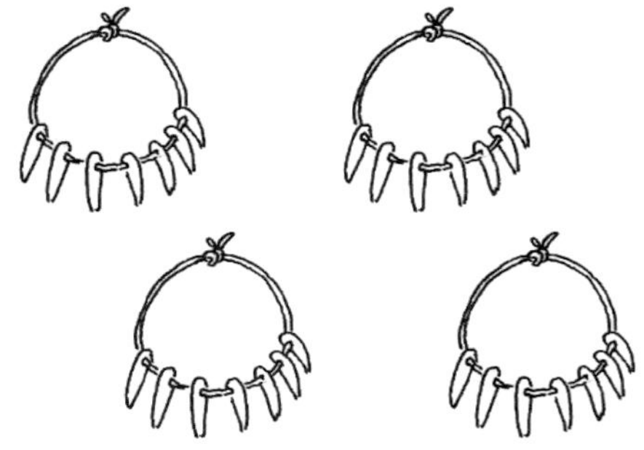

4 · 7 = ☐☐

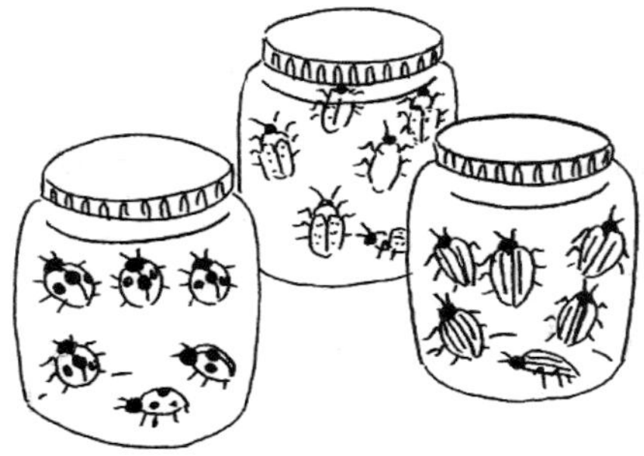

3 · 6 = ☐☐

1 · 3 = ☐☐

1·1 mit 7

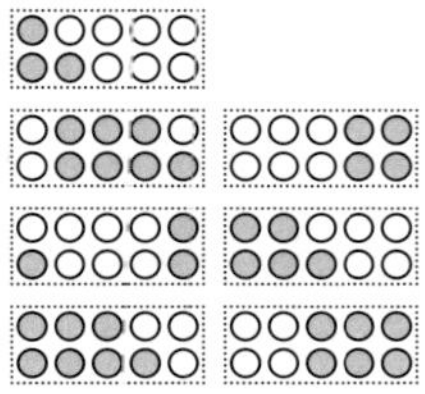

7

2/10/5/4/8/3/6/7

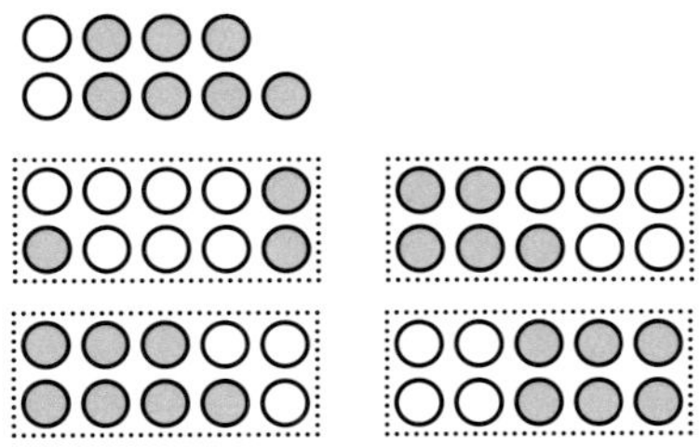

7 · 7 = ☐☐

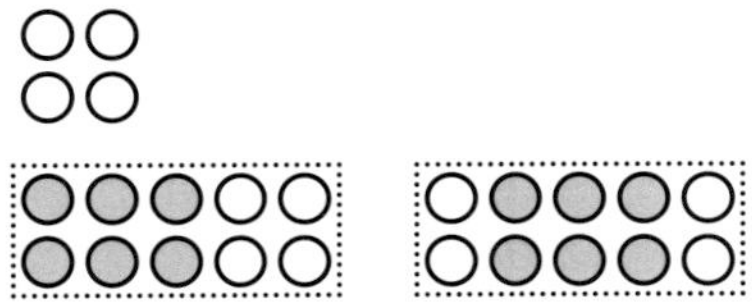

4 · 6 = ☐☐

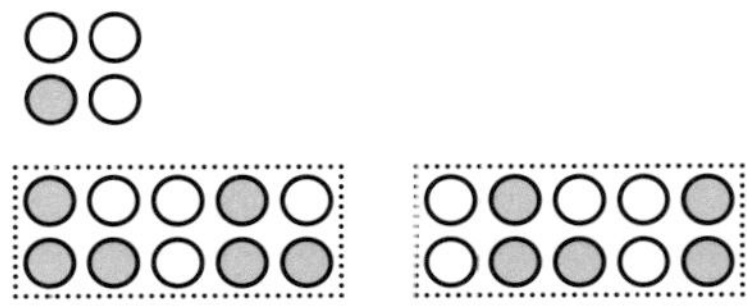

8 · 3 = ☐☐

1 · 7 = ☐☐
2 · 7 = ☐☐
5 · 7 = ☐☐
10 · 7 = ☐☐

Rechne und male die Ergebnisse unten aus!

9 · 3 = ☐☐	8 · 3 = ☐☐	2 · 7 = ☐☐	3 · 7 = ☐☐
9 · 7 = ☐☐	4 · 6 = ☐☐	4 · 10 = ☐☐	7 · 7 = ☐☐
2 · 5 = ☐☐	4 · 7 = ☐☐	7 · 6 = ☐☐	1 · 4 = ☐☐
5 · 7 = ☐☐	7 · 4 = ☐☐	10 · 8 = ☐☐	2 · 2 = ☐☐
4 · 8 = ☐☐	10 · 7 = ☐☐	6 · 7 = ☐☐	8 · 7 = ☐☐

Mal-Tabellen

·	3	5	7
1	3		
2			
3			
4			
5			

·	3	5	7
6			
7			
8			
9			
10			

1 · 1
mit

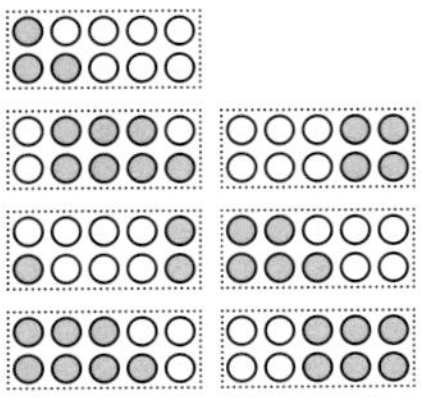

7

2 / 10 / 5 / 4 / 8 / 3 / 6 / 7

3er- und 7er-Einmaleins: Male die richtigen Ergebnisse an!

3 4 5 6 8 9 12 15 17 18 21 22 24 27 30

7 13 14 20 21 27 28 35 41 42 48 49 56 63 70

Finde die Malaufgaben!

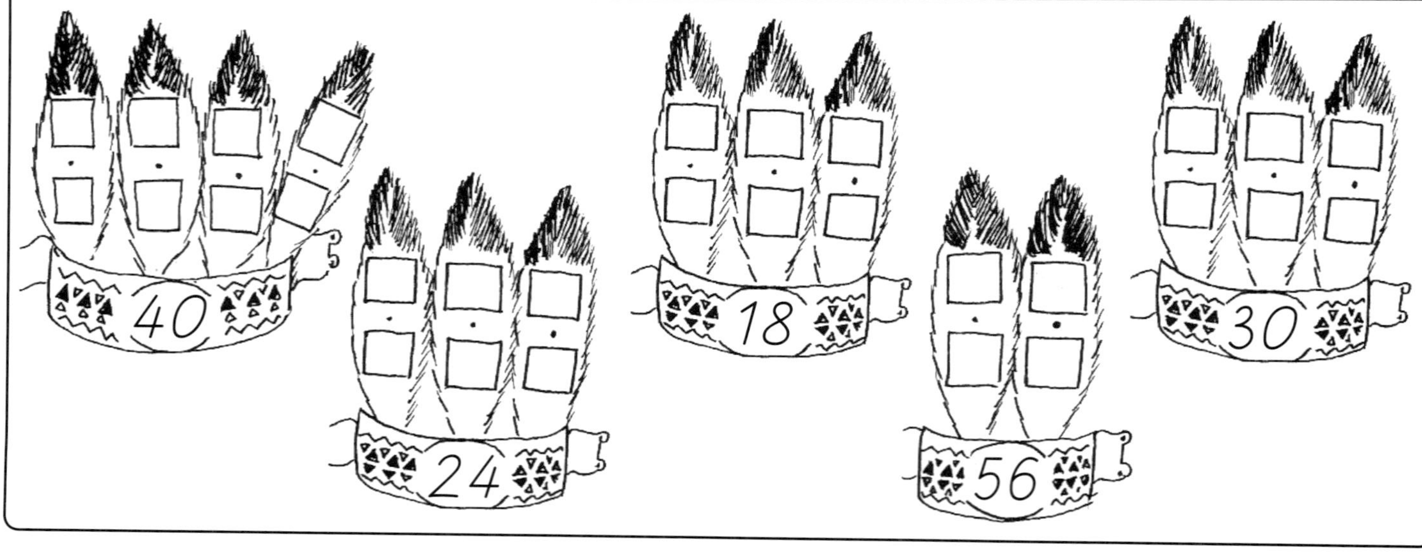

Tauschaufgaben

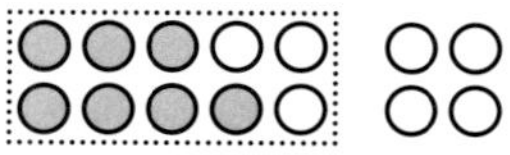

$2 \cdot 7 = \square$

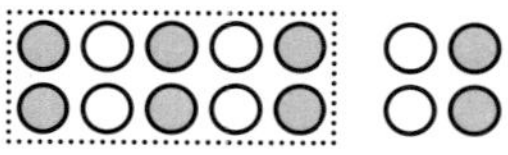

$7 \cdot 2 = \square$

1 · 1 mit 7

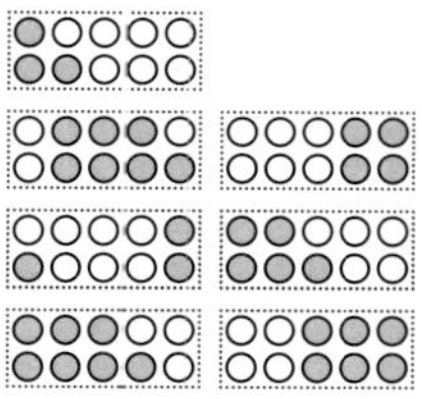

Wie heißt die Tauschaufgabe?

$6 \cdot 7 = \square$ $\square \cdot \square = \square$	$7 \cdot 10 = \square$ $\square \cdot \square = \square$	$7 \cdot 0 = \square$ $\square \cdot \square = \square$	$4 \cdot 4 = \square$ $\square \cdot \square = \square$
$8 \cdot 5 = \square$ $\square \cdot \square = \square$	$8 \cdot 3 = \square$ $\square \cdot \square = \square$	$3 \cdot 4 = \square$ $\square \cdot \square = \square$	$4 \cdot 6 = \square$ $\square \cdot \square = \square$
$8 \cdot 7 = \square$ $\square \cdot \square = \square$	$7 \cdot 3 = \square$ $\square \cdot \square = \square$	$4 \cdot 8 = \square$ $\square \cdot \square = \square$	$7 \cdot 4 = \square$ $\square \cdot \square = \square$

Tauschaufgaben und Ergebnis: Male in der gleichen Farbe an!

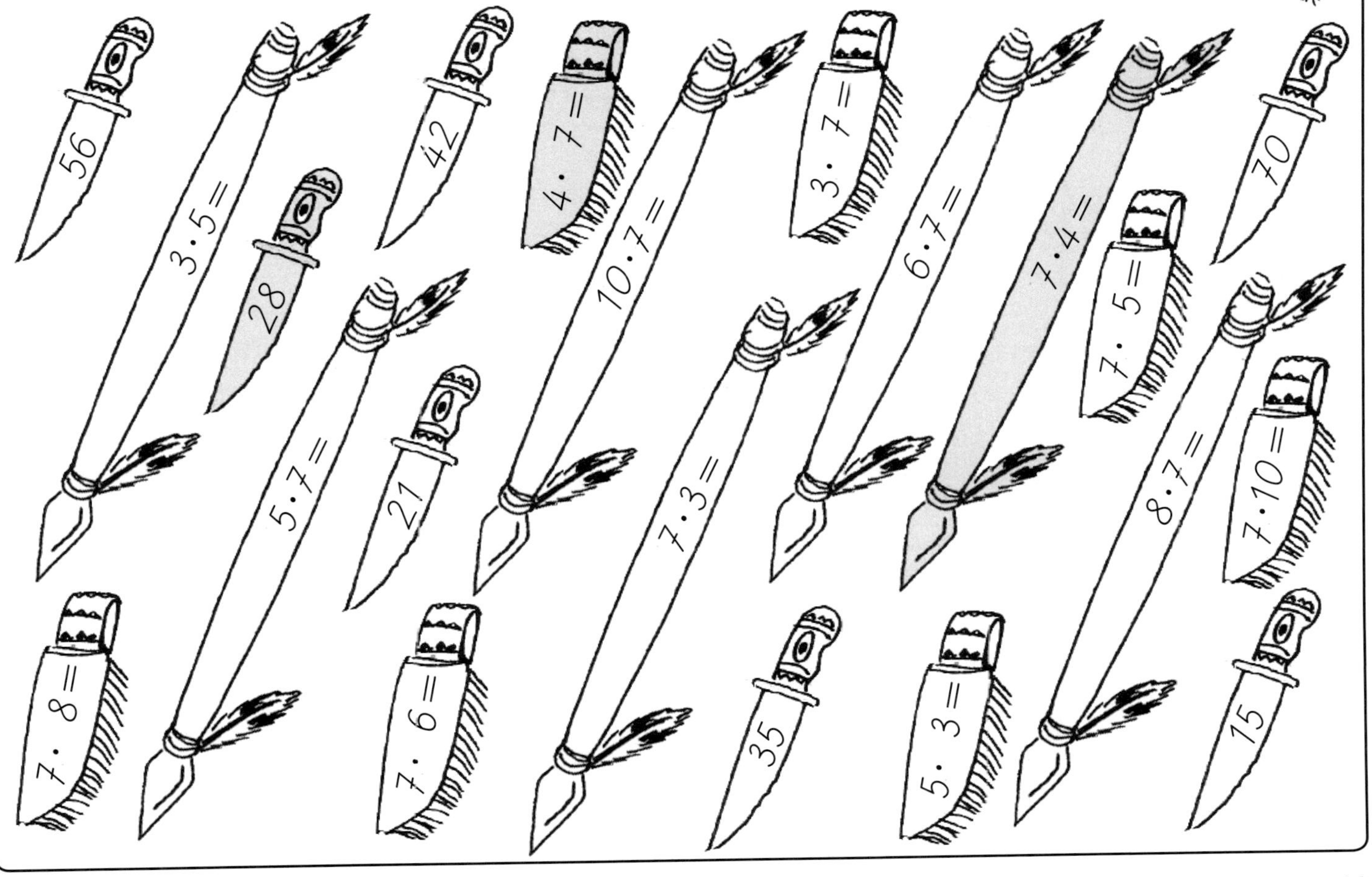

Rechengeschichten

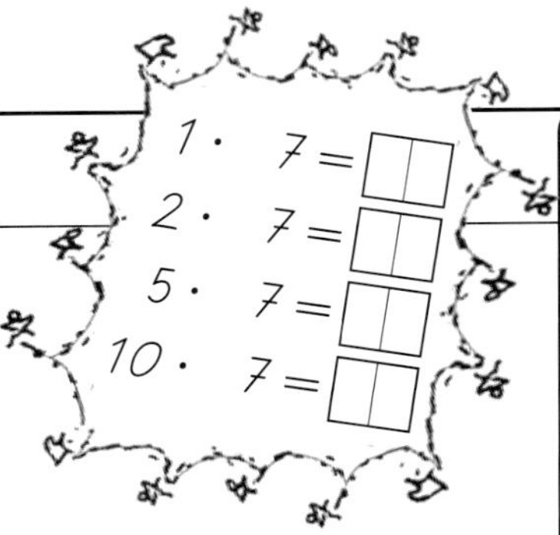

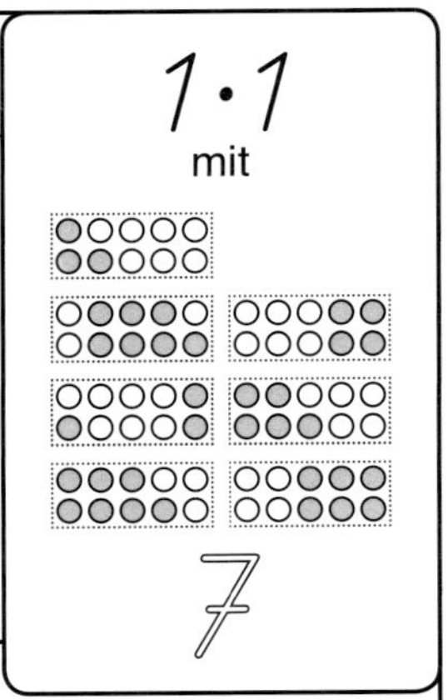

Der Indianerjunge kann immer zwei Pferde in die Koppel führen. Am Abend geht er sieben Mal. Wie viele Pferde stehen in der Koppel?

Wir rechnen: ☐ ◯ ☐ ◯ ☐

Wir antworten: ______________________________

Nach dem Indianerfest dürfen die Kinder in Tipis übernachten. In jedem Tipi können sieben Kinder schlafen. Vier Tipis stehen auf der Wiese. Wie viele Kinder haben Platz?

Wir rechnen: ☐ ◯ ☐ ◯ ☐

Wir antworten: ______________________________

Andrea freut sich auf das Indianerfest in der Schule. Ihre Mutter sagt: „In drei Wochen ist es soweit!“ Wie viele Tage muss Andrea noch warten?

Wir rechnen: ☐ ◯ ☐ ◯ ☐

Wir antworten: ______________________________

Wir machen auf dem Indianerfest Musik. Dafür bekommt jede von uns sieben Euro. In unserer Indianer-Band spielen 8 Leute mit. Wie viel verdienen wir zusammen?

Wir rechnen: ☐ ◯ ☐ ◯ ☐

Wir antworten: ______________________________

Für unsere Indianerpferde brauchen wir noch Maiskolben. Beim Bauern kostet ein Maiskolben 7 Cent. Was müssen wir bezahlen, wenn wir 10 Stück kaufen?

Wir rechnen: ☐ ◯ ☐ ◯ ☐

Wir antworten: ______________________________

Für unser Indianer-Lagerfeuer brauchen wir noch Schminkfarbe. Ich möchte Rot, Gelb und Schwarz. Ein Farbtopf kostet drei Euro. Wie teuer wird das wohl?

Wir rechnen: ☐ ◯ ☐ ◯ ☐

Wir antworten: ______________________________

Teile durch 7!

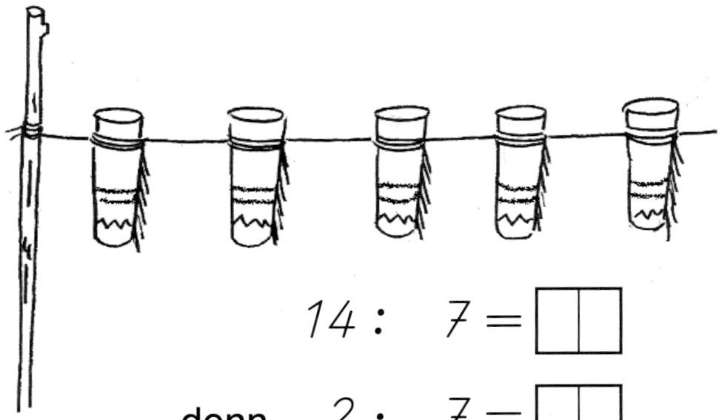

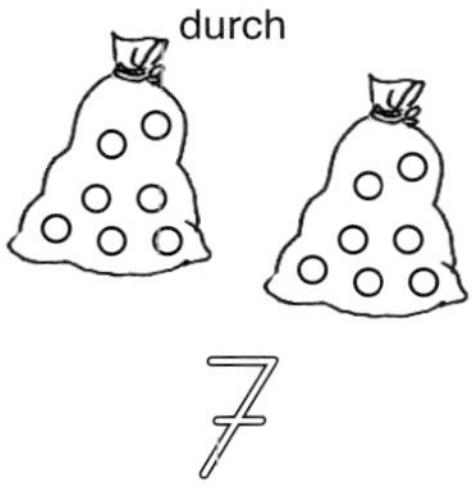

$14 : 7 = \square$

denn $2 \cdot 7 = \square$

Wie viele 7er-Tüten kannst du voll machen?

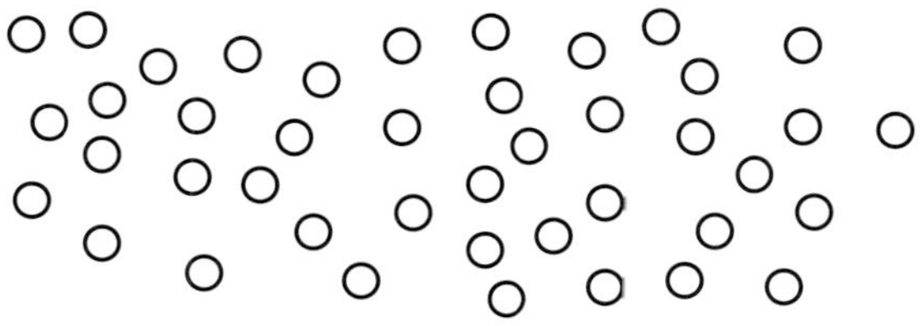

$42 : 7 = \square$

denn $6 \cdot 7 = \square$

Wie viele 7er-Tüten kannst du voll machen?

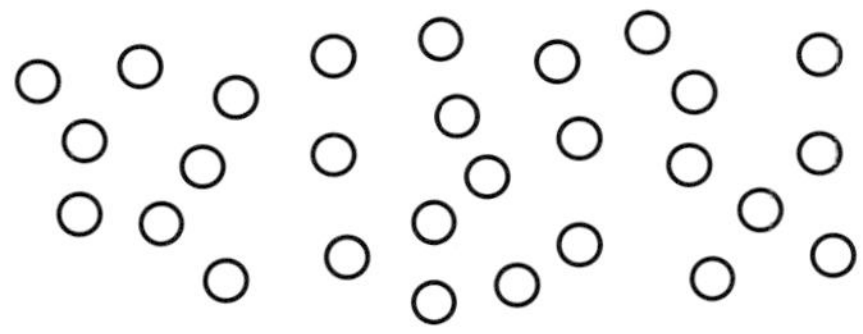

$28 : 7 = \square$

denn $4 \cdot 7 = \square$

Teile durch 7: Die Malaufgabe hilft!

$7 : 7 = \square$ denn $\square \cdot 7 = \square$	$42 : 7 = \square$ denn $\square \cdot 7 = \square$
$14 : 7 = \square$ denn $\square \cdot 7 = \square$	$49 : 7 = \square$ denn $\square \cdot 7 = \square$
$21 : 7 = \square$ denn $\square \cdot 7 = \square$	$56 : 7 = \square$ denn $\square \cdot 7 = \square$
$28 : 7 = \square$ denn $\square \cdot 7 = \square$	$63 : 7 = \square$ denn $\square \cdot 7 = \square$
$35 : 7 = \square$ denn $\square \cdot 7 = \square$	$70 : 7 = \square$ denn $\square \cdot 7 = \square$

Wie heißen die Aufgaben?

21 : 7 = ☐	☐ : ☐ = ☐	☐ : ☐ = ☐
denn ☐ · 7 = ☐	denn ☐ · 7 = ☐	denn ☐ · 7 = ☐

Rechne und verbinde der Reihe nach!

21 : 7 = ☐	28 : 7 = ☐
7 : 7 = ☐	49 : 7 = ☐
14 : 7 = ☐	70 : 7 = ☐
42 : 7 = ☐	35 : 7 = ☐
56 : 7 = ☐	63 : 7 = ☐

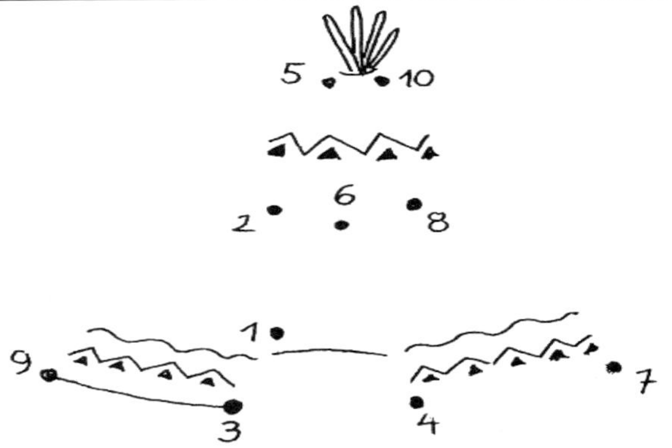

Fischleine! Schreibe der Reihe nach auf und rechne.

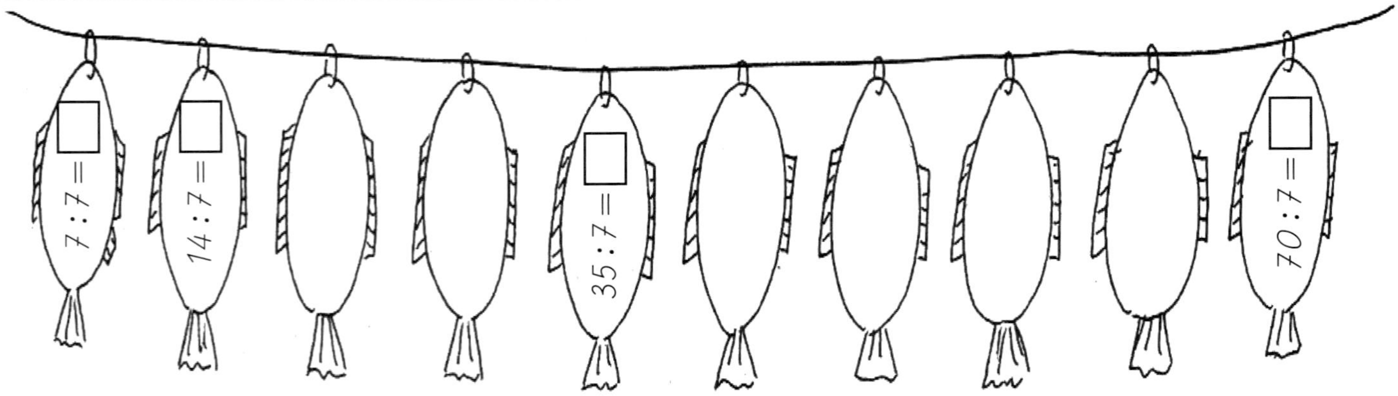

Rechen-Pferde

Teilen durch 3, 6 und 7!

42 : 7 =	30 : 6 =	15 : 3 =
56 : 7 =	12 : 6 =	30 : 3 =
63 : 7 =	24 : 6 =	9 : 3 =
35 : 7 =	42 : 6 =	12 : 3 =
49 : 7 =	54 : 6 =	27 : 3 =

Teilen durch

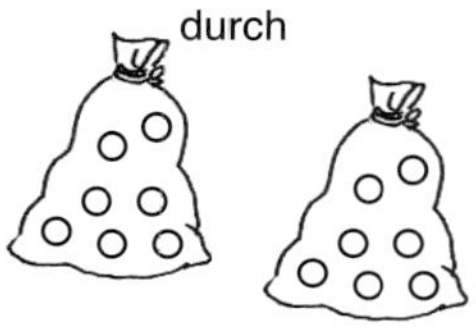

7

2/10/5/4/8/3/6/7

Fehlersuche: Streiche falsche Aufgaben aus. Trage Buchstaben der richtigen Aufgaben unten ein.

T: 63 : 7 = 9	G: 70 : 10 = 7	S: 42 : 7 = 6
E: 48 : 7 = 7	A: 16 : 8 = 3	T: 48 : 8 = 6
O: 28 : 4 = 7	E: 56 : 7 = 8	
S: 56 : 7 = 9	L: 28 : 7 = 4	
L: 18 : 2 = 9	A: 24 : 7 = 3	
L: 45 : 5 = 9	Ö: 21 : 3 = 7	

Lösung: ☐☐☐☐ ☐☐☐☐☐☐

Gemischte Geteiltaufgaben: Schreibe die Lösung unten auf!

21 : 3 =	B 5	D 7	72 : 8 =	Ü 8	L 9	42 : 6 =	G 9	P 7
54 : 6 =	A 9	U 8	35 : 7 =	E 5	T 6	7 : 7 =	P 1	D 0
21 : 7 =	S 3	K 4	24 : 6 =	M 3	N 4	28 : 4 =	N 8	T 7
56 : 8 =	T 7	V 6	14 : 7 =	M 3	K 2	40 : 5 =	J 8	O 9
36 : 4 =	Ü 8	E 9	45 : 5 =	L 9	T 8	42 : 7 =	E 6	S 7
63 : 7 =	R 7	I 9	28 : 7 =	H 3	A 4	24 : 3 =	U 7	T 8
20 : 2 =	L 9	Z 10	49 : 7 =	I 7	N 8			
56 : 7 =	T 8	E 7	32 : 8 =	U 3	M 4			
70 : 7 =	P 10	H 7	27 : 3 =	E 8	A 9			
48 : 6 =	S 7	R 8	0 : 7 =	! 0	? 1			

Lösung: ☐☐☐ ☐☐☐☐☐☐ ☐☐☐☐☐☐ ☐☐☐☐☐ ☐☐☐☐☐ ☐

Aufgepasst: Mal und geteilt!

9 · 6 = ☐	4 · 7 = ☐
7 · 7 = ☐	56 : 7 = ☐
35 : 7 = ☐	42 : 6 = ☐
7 · 3 = ☐	9 · 7 = ☐
48 : 6 = ☐	28 : 4 = ☐

28 : 7 = ☐	49 : 7 = ☐
6 · 3 = ☐	32 : 4 = ☐
7 · 8 = ☐	8 · 7 = ☐
70 : 7 = ☐	54 : 6 = ☐
64 : 8 = ☐	6 · 7 = ☐

Teilen
durch

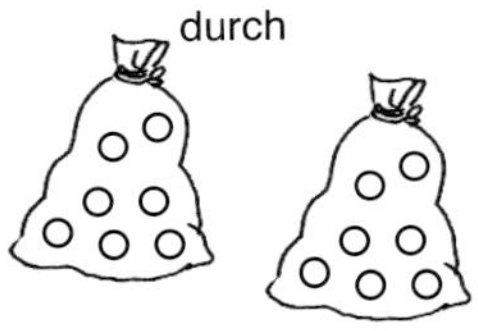

7

2/10/5/4/8/3/6/7

Finde passende Mal- und Geteiltaufgaben!

Teile durch 7 mit Rest!

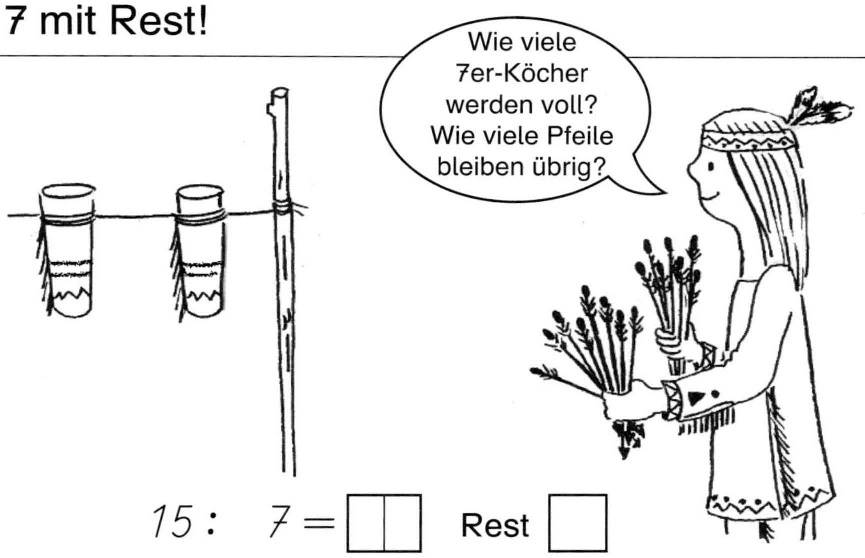

15 : 7 = ☐☐ Rest ☐

Teilen
durch

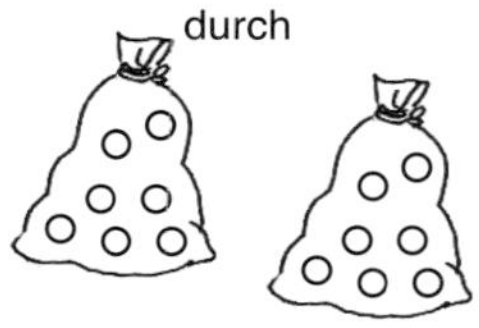

7

2/10/5/4/8/3/6/7

Wie viele 7er-Tüten? Wie viel Rest?

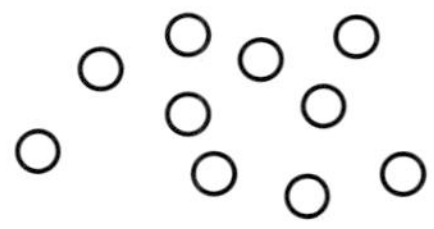

10 : 7 = ☐☐ Rest ☐

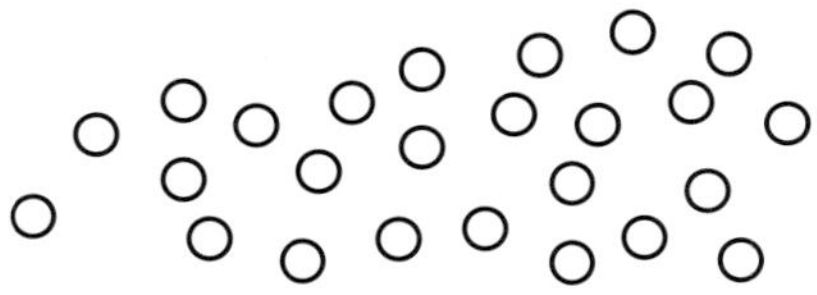

25 : 7 = ☐☐ Rest ☐

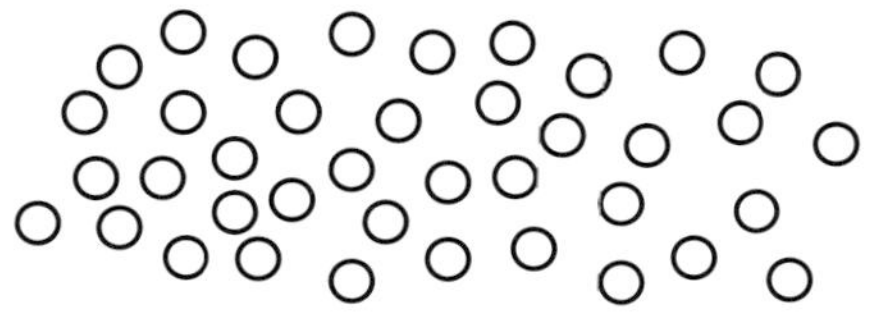

39 : 7 = ☐☐ Rest ☐

Rechne und verbinde mit dem Rest!

Rechengeschichten

Teilen
durch

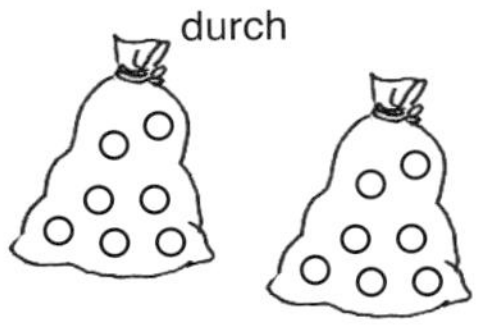

7

Am ersten Ferientag wollen die Kinder ein Indianerfest machen.
Bis dahin sind es noch 49 Tage.
Wie viele Wochen müssen sie noch zur Schule gehen?

Wir rechnen:

Wir antworten:

Auf der Koppel stehen 16 Pferde. Die Indianerin kann immer vier Pferde gleichzeitig zum Fluss führen und sie tränken.
Wie oft muss sie gehen?

Wir rechnen:

Wir antworten:

Die Kinder basteln Federschmuck. Für jeden brauchen sie sieben Federn. Sie haben 63 Federn gesammelt.
Für wie viele Menschen können sie Kopfschmuck machen?

Wir rechnen:

Wir antworten:

Im Geschäft kostet ein Indianerkostüm sieben Euro.
Für den Indianertanz braucht die Theatergruppe acht Kostüme.
Wie viel Geld brauchen sie für die Verkleidung?

Wir rechnen:

Wir antworten:

Auf dem Indianer-Schulfest verkauft Weiße Feder Pfeile, die sie selbst herstellt.
Für einen Pfeil verlangt sie drei Euro. Sie verkauft sieben Pfeile.
Wie viel Euro nimmt sie ein?

Wir rechnen:

Wir antworten:

Brauner Bär verkauft Tomahawks. Für einen verlangt er sieben Euro.
Mittags sind 21 Euro in seiner Kasse.
Wie viele Tomahawks konnte er verkaufen?

Wir rechnen:

Wir antworten:

Plusaufgaben und Malaufgaben mit **9**

1 · 1 mit 9

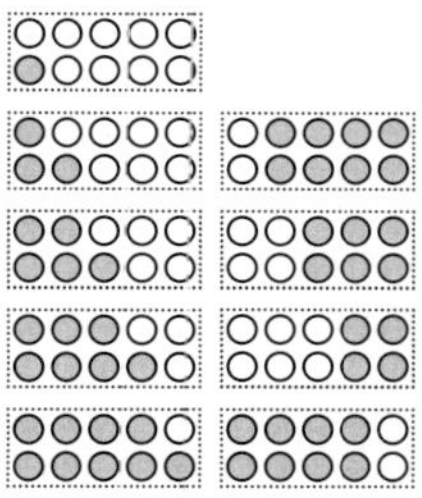

$9 + 9 =$ ___

$2 \cdot 9 =$ ___

$9 + 9 + 9 + 9 + 9 =$ ___

$5 \cdot 9 =$ ___

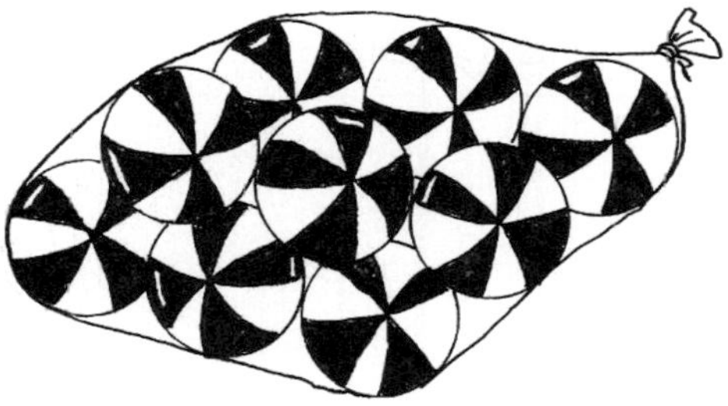

$9 =$ ___

$1 \cdot 9 =$ ___

Rechne plus und mal!

$9 =$ ___

$1 \cdot 9 =$ ___

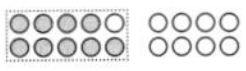

$9 + 9 =$ ___

$2 \cdot 9 =$ ___

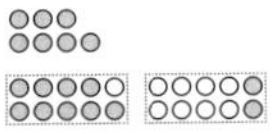

$9 + 9 + 9 =$ ___

$3 \cdot 9 =$ ___

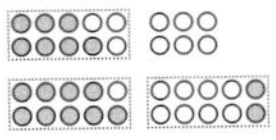

$9 + 9 + 9 + 9 =$ ___

$4 \cdot 9 =$ ___

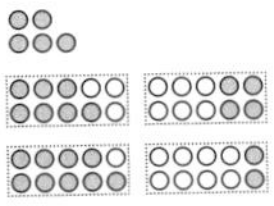

$9 + 9 + 9 + 9 + 9 =$ ___

$5 \cdot 9 =$ ___

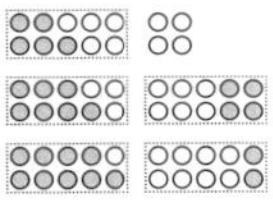

$9 + 9 + 9 + 9 + 9 + 9 =$ ___

$6 \cdot 9 =$ ___

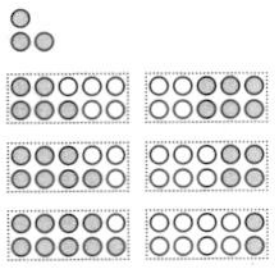

$9 + 9 + 9 + 9 + 9 + 9 + 9 =$ ___

$7 \cdot 9 =$ ___

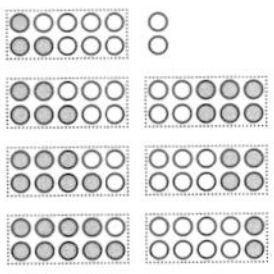

$9 + 9 + 9 + 9 + 9 + 9 + 9 + 9 =$ ___

$8 \cdot 9 =$ ___

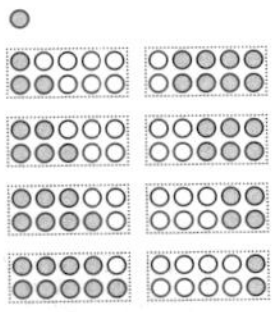

$9 + 9 + 9 + 9 + 9 + 9 + 9 + 9 + 9 =$ ___

$9 \cdot 9 =$ ___

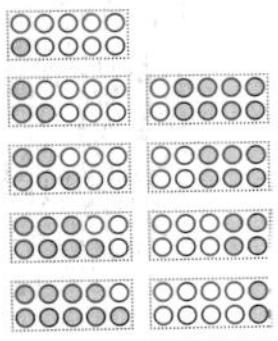

$9 + 9 + 9 + 9 + 9 + 9 + 9 + 9 + 9 + 9 =$ ___

$10 \cdot 9 =$ ___

Wie heißt die Malaufgabe?

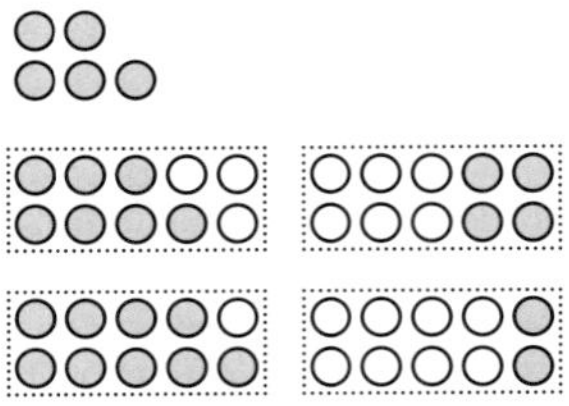

☐☐ ◯ ☐☐ ◯ ☐☐

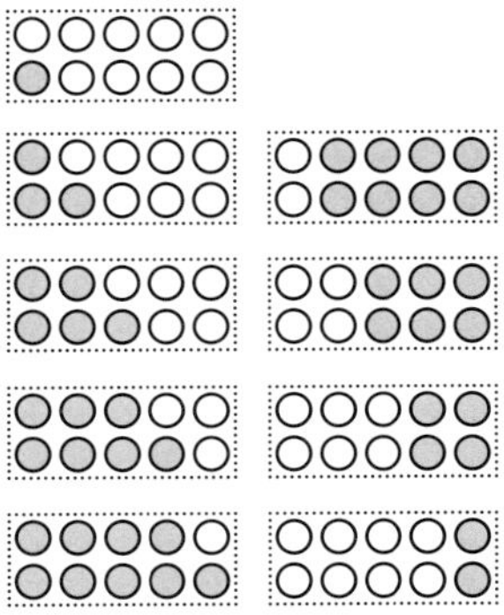

☐☐ ◯ ☐☐ ◯ ☐☐

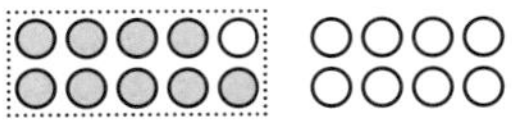

☐☐ ◯ ☐☐ ◯ ☐☐

1 · 1
mit

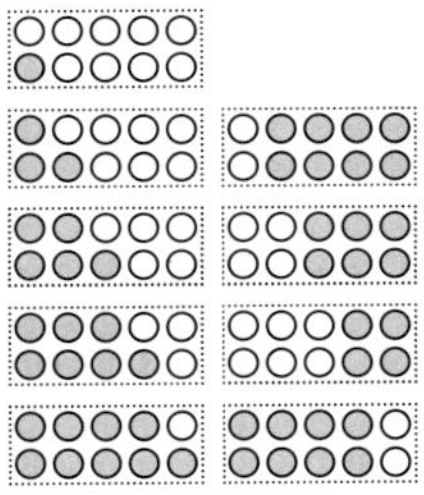

9

Male die Aufgabe!

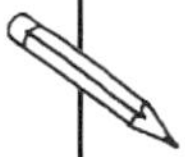

$1 \cdot 9 = \square\square$

$2 \cdot 9 = \square\square$

$10 \cdot 9 = \square\square$

$5 \cdot 9 = \square\square$

Male nur die Ergebnisse des 9er-Einmaleins aus!

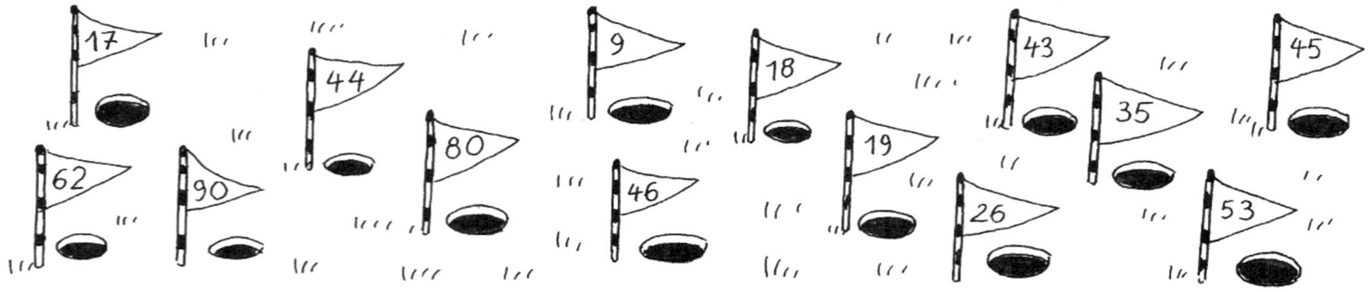

Rechne!

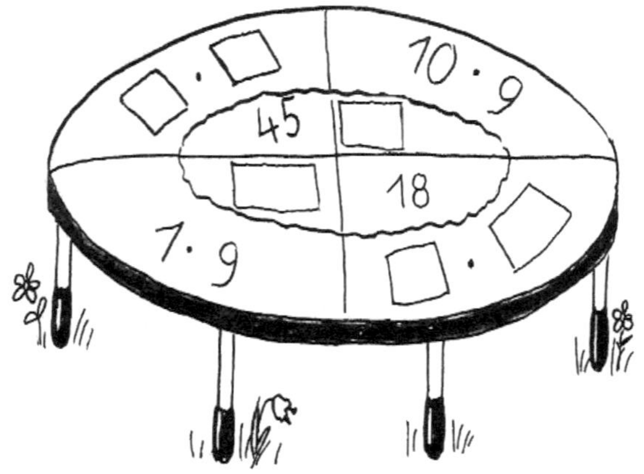

Immer 2 gehören zusammen: Male gleich aus!

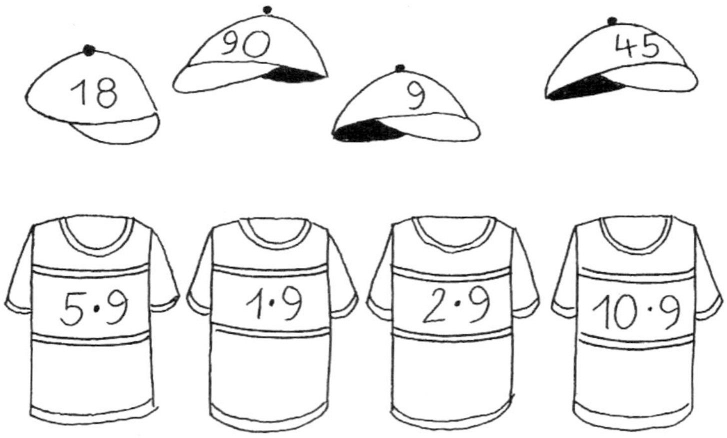

Rechnen mit der Zauberaufgabe*!

1 · 9

mit

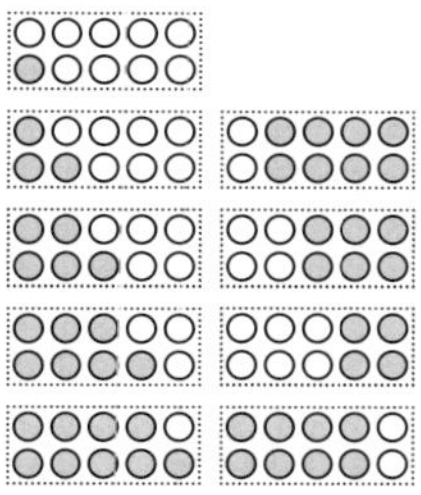

9

1 · 9 = ☐

2 · 9 ⊕ 1 · 9 → 3 · 9 = ☐

5 · 9 ⊖ 1 · 9 → 4 · 9 = ☐

5 · 9 ⊕ 1 · 9 → 6 · 9 = ☐

5 · 9 ⊕ 2 · 9 → 7 · 9 = ☐

10 · 9 ⊖ 2 · 9 → 8 · 9 = ☐

10 · 9 ⊖ 1 · 9 → 9 · 9 = ☐

2 · 9 → ☐ · 9 = ☐

10 · 9 → ☐ · 9 = ☐
☐ · 9 = ☐

5 · 9 → ☐ · 9 = ☐
☐ · 9 = ☐
☐ · 9 = ☐

1 · 9 → ☐

Welche Zauberaufgabe hilft dir?

6 · 9 = ☐
☐ · ☐ = ☐

9 · 9 = ☐
☐ · ☐ = ☐

8 · 9 = ☐
☐ · ☐ = ☐

4 · 9 = ☐
☐ · ☐ = ☐

7 · 9 = ☐
☐ · ☐ = ☐

3 · 9 = ☐
☐ · ☐ = ☐

* Kernaufgabe

Schreibe auf!

Die Neunerzahl nach 82 ist: 90

Die Neunerzahl nach 55 ist: □

Die Neunerzahl nach 33 ist: □

Die Neunerzahl nach 17 ist: □

Die Neunerzahl nach 52 ist: □

Die Neunerzahl nach 2 ist: □

Die Neunerzahl nach 67 ist: □

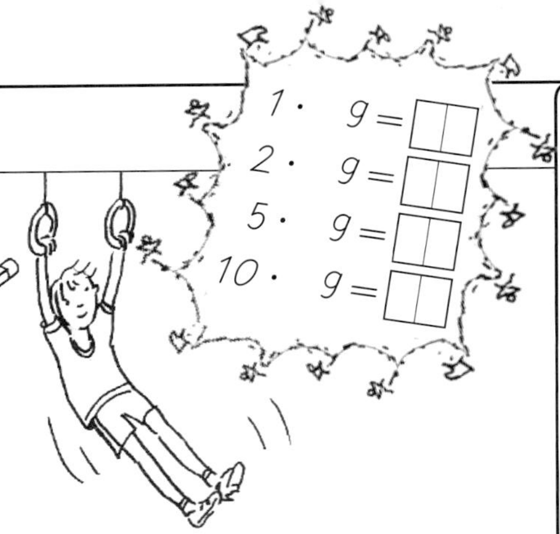

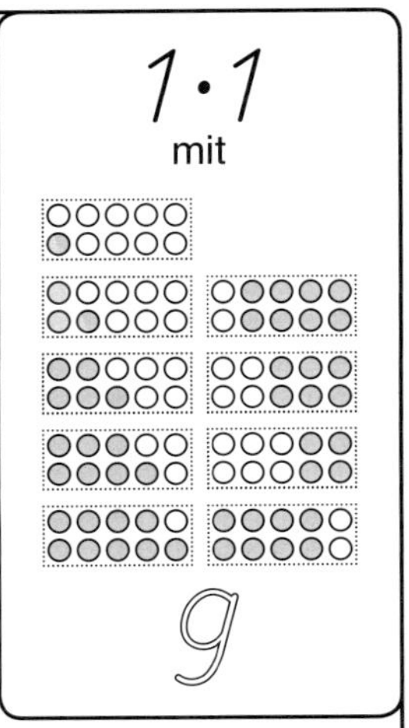

Rechne und verbinde der Reihe nach im Bild!

7 · 9 = □	2 · 9 = □
4 · 9 = □	8 · 9 = □
1 · 9 = □	3 · 9 = □
6 · 9 = □	9 · 9 = □
5 · 9 = □	10 · 9 = □

Turn-Aufgaben

Achtung: 1·1 gemischt!

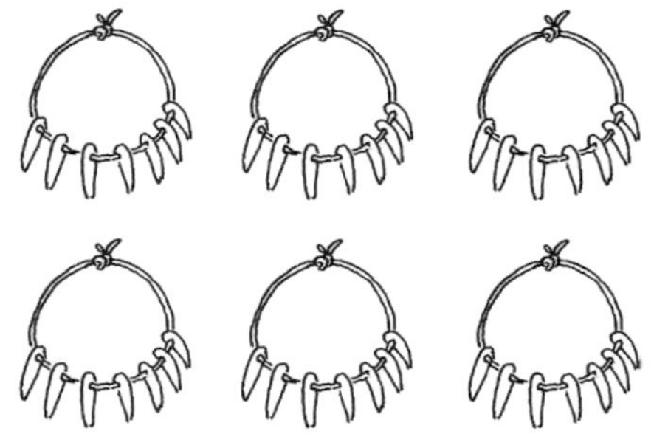

$6 \cdot 7 = \square$

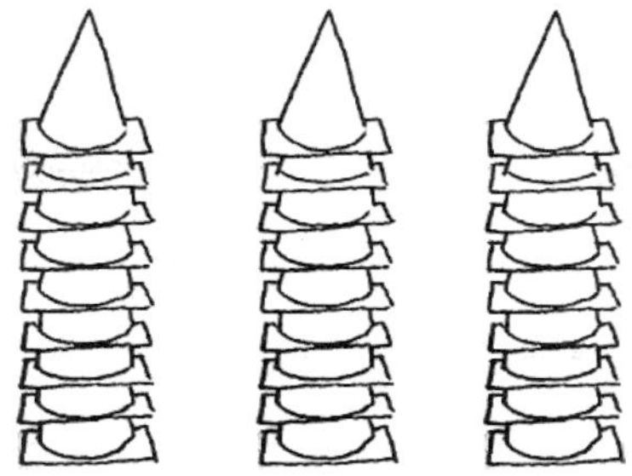

$3 \cdot 9 = \square$

1·1 mit

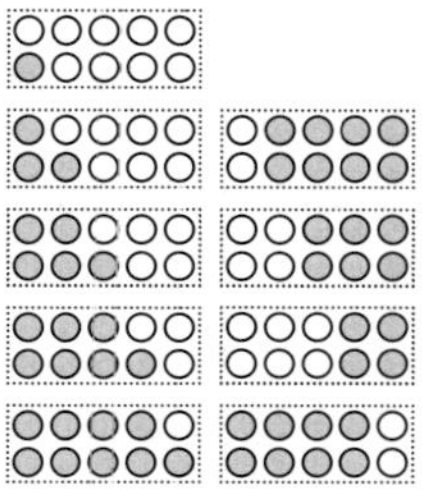

9

2/10/5/4/8/3/6/7/9

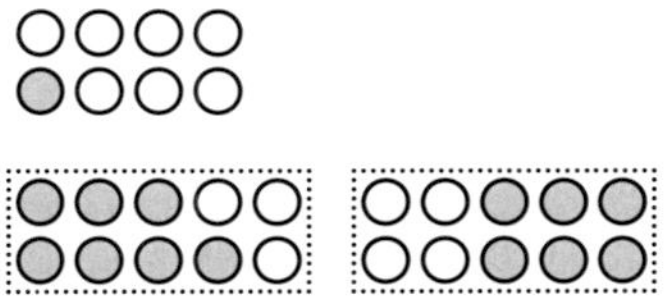

$4 \cdot 7 = \square$

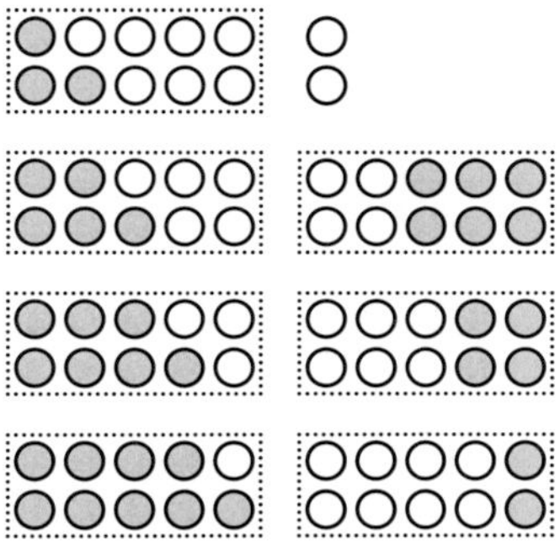

$8 \cdot 9 = \square$

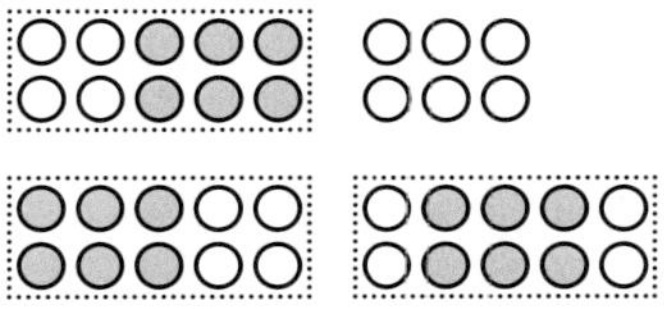

$6 \cdot 6 = \square$

$1 \cdot 9 = \square$
$2 \cdot 9 = \square$
$5 \cdot 9 = \square$
$10 \cdot 9 = \square$

Rechne und male die Ergebnisse unten aus!

$3 \cdot 9 = \square$	$4 \cdot 5 = \square$	$2 \cdot 9 = \square$	$7 \cdot 3 = \square$
$9 \cdot 9 = \square$	$3 \cdot 10 = \square$	$4 \cdot 7 = \square$	$7 \cdot 9 = \square$
$9 \cdot 6 = \square$	$4 \cdot 9 = \square$	$5 \cdot 9 = \square$	$6 \cdot 8 = \square$
$8 \cdot 8 = \square$	$7 \cdot 7 = \square$	$6 \cdot 6 = \square$	$1 \cdot 2 = \square$
$9 \cdot 4 = \square$	$5 \cdot 3 = \square$	$6 \cdot 9 = \square$	$8 \cdot 9 = \square$

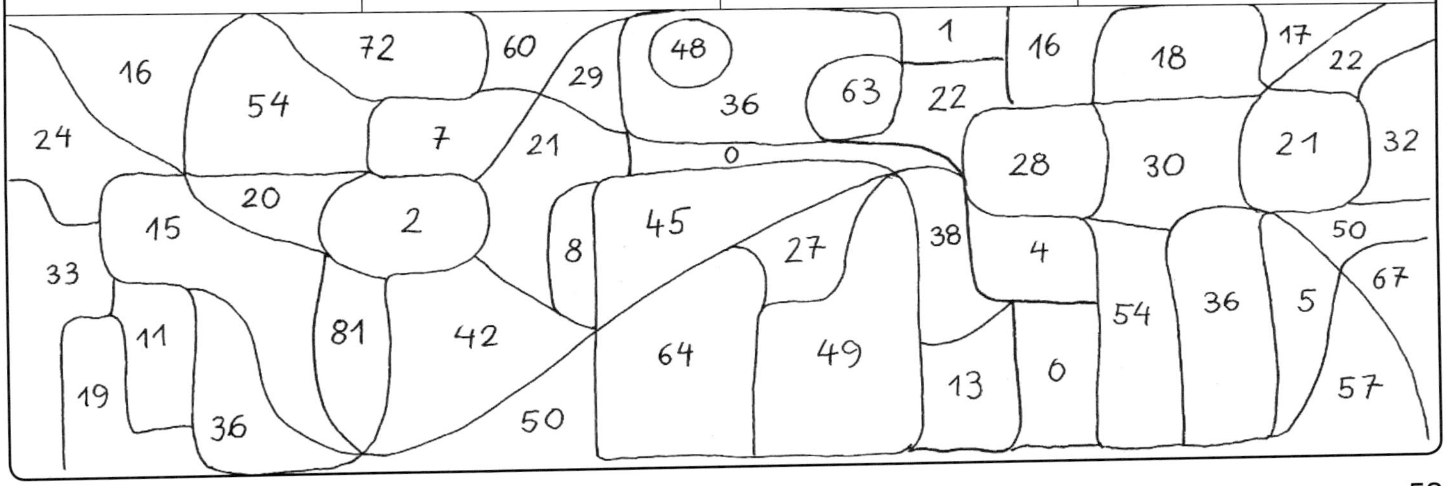

Mal-Tabellen

·	3	6	9
1	3		
2			
3			
4			
5			

·	3	6	9
6			
7			
8			
9			
10			

1 · 1
mit

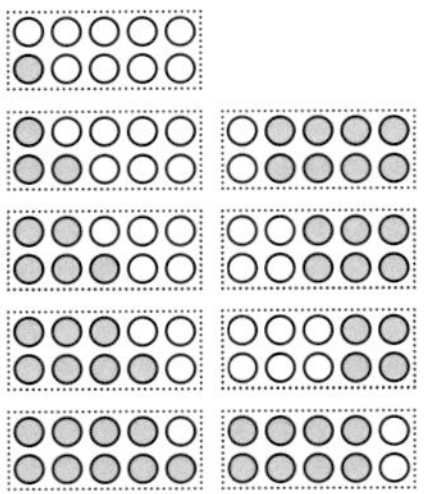

9

2/10/5/4/8/3/6/7/9

6er- und 9er-Einmaleins: Male die richtigen Ergebnisse an!

6 10 12 18 22 24 25 26 36 42 44 48 54 60

9 17 18 27 28 36 38 45 46 54 63 72 81 90

Finde die Malaufgaben!

Tauschaufgaben

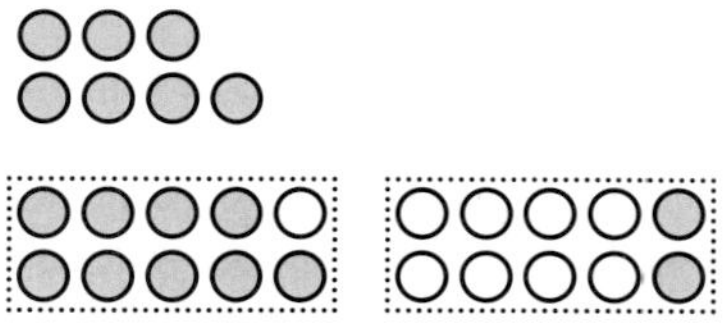

$3 \cdot 9 = \square$

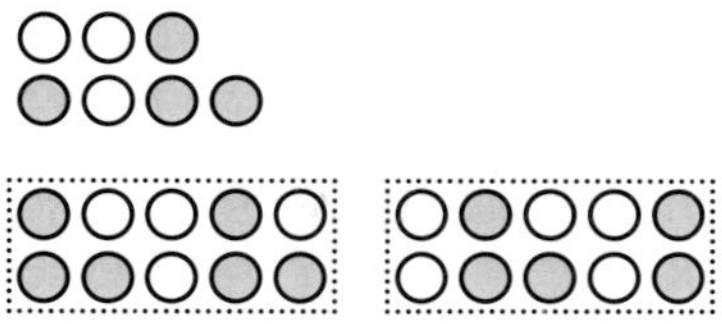

$9 \cdot 3 = \square$

1 · 1 mit 9

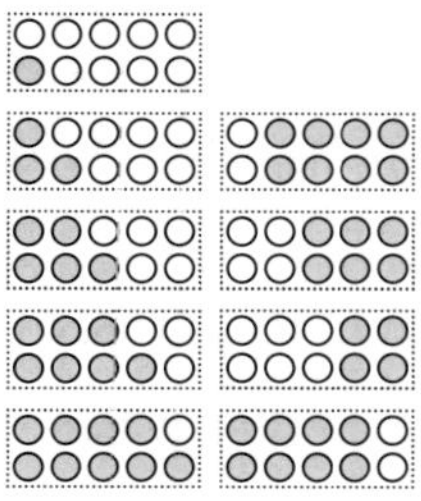

Wie heißt die Tauschaufgabe?

$9 \cdot 2 = \square$ $\square \cdot \square = \square$	$9 \cdot 1 = \square$ $\square \cdot \square = \square$	$9 \cdot 3 = \square$ $\square \cdot \square = \square$	$10 \cdot 9 = \square$ $\square \cdot \square = \square$
$8 \cdot 9 = \square$ $\square \cdot \square = \square$	$9 \cdot 5 = \square$ $\square \cdot \square = \square$	$7 \cdot 9 = \square$ $\square \cdot \square = \square$	$5 \cdot 9 = \square$ $\square \cdot \square = \square$
$4 \cdot 9 = \square$ $\square \cdot \square = \square$	$4 \cdot 6 = \square$ $\square \cdot \square = \square$	$9 \cdot 8 = \square$ $\square \cdot \square = \square$	$9 \cdot 7 = \square$ $\square \cdot \square = \square$

Tauschaufgaben und Ergebnis: Male in der gleichen Farbe an!

$9 \cdot 6 =$ 54 $6 \cdot 9 =$ $8 \cdot 9 =$ $5 \cdot 9 =$ $4 \cdot 8 =$

$9 \cdot 5 =$ 18 45 $8 \cdot 4 =$ 72

$9 \cdot 8 =$ 36 $9 \cdot 4 =$ $7 \cdot 3 =$ 24 $7 \cdot 6 =$

8 42

$3 \cdot 7 =$ $4 \cdot 9 =$ $6 \cdot 7 =$ 21 $2 \cdot 4 =$ $4 \cdot 2 =$

Rechengeschichten

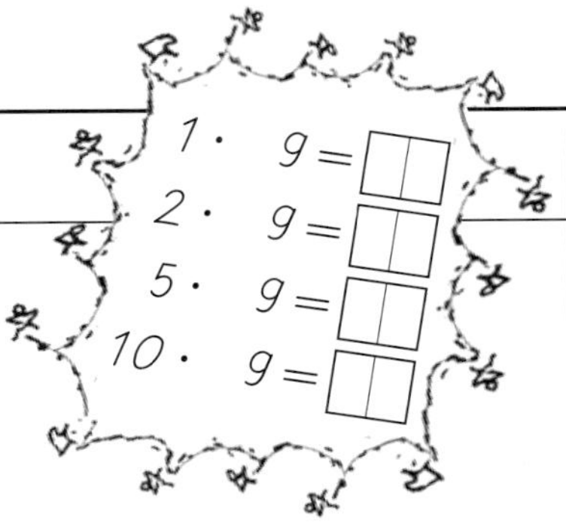

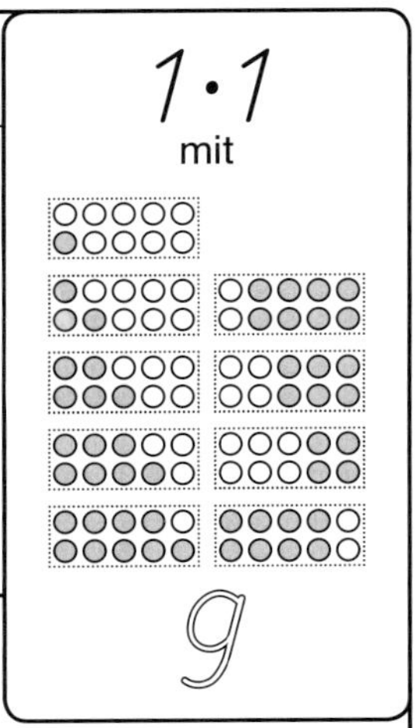

Die Lehrerinnen richten vier Turngeräte her.
An jeder Station können sieben Kinder turnen.
Wie viele Kinder können gleichzeitig üben?

Wir rechnen:

Wir antworten: ______

Die Kinder wollen in vier Gruppen kegeln.
Natürlich braucht jede Gruppe neun Kegel.
Wie viele Kegel müssen sie bereitlegen?

Wir rechnen:

Wir antworten: ______

Beim Sportfest erhalten aus jeder Klasse sechs Kinder eine Urkunde.
In der Schule gibt es neun Klassen.
Wie viele Urkunden müssen ausgestellt werden?

Wir rechnen:

Wir antworten: ______

Für das Fußballturnier bestellt die Trainerin sechs neue Trikots mit dem Aufdruck: Sportclub. Eines kostet 9 Euro.
Wie hoch wird die Rechnung sein?

Wir rechnen:

Wir antworten: ______

Die Kinder des Schulcafés bestellen für das Sportfest fünf Kästen Apfelschorle. Ein Kasten kostet neun Euro.
Wie viel müssen sie für alle Kisten zahlen?

Wir rechnen:

Wir antworten: ______

Die Kinder der dritten Klasse haben sehr viel Durst. Rudi ist für die Getränke zuständig. Er muss sechs Mal Apfelschorle holen. Jedesmal bezahlt er drei Euro.
Wie viel kosten alle Getränke?

Wir rechnen:

Wir antworten: ______

Teile durch 9!

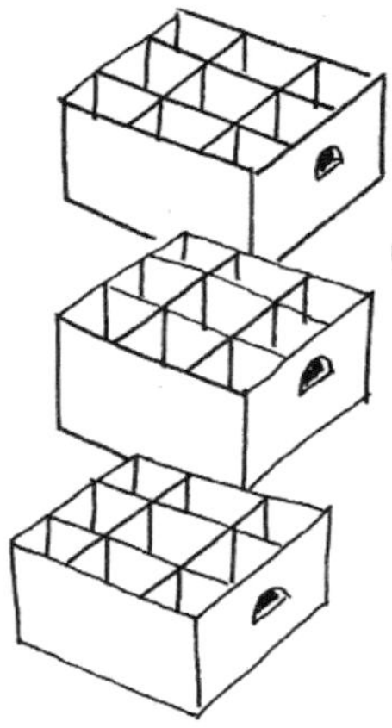
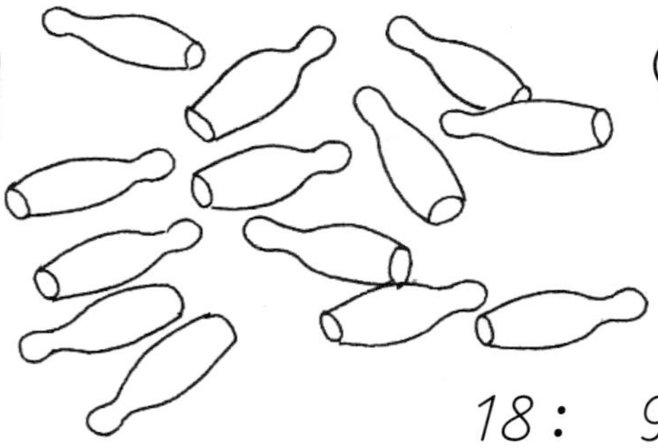

18 : 9 = [ ]

denn 2 · 9 = [ ]

Teilen durch

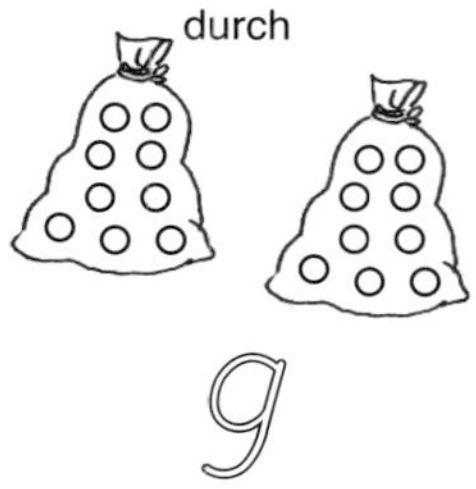

Wie viele 9er-Tüten kannst du voll machen?

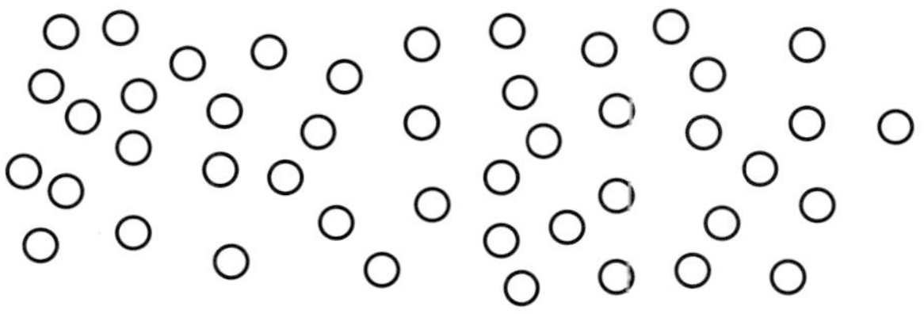

45 : 9 = [ ]

denn 5 · 9 = [ ]

Wie viele 9er-Tüten kannst du voll machen?

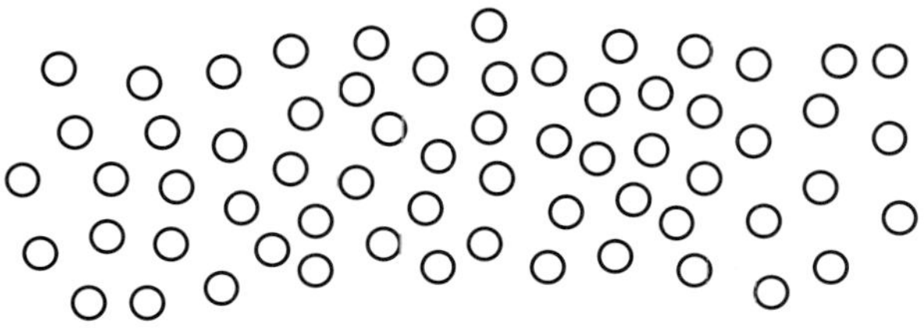

63 : 9 = [ ]

denn 7 · 9 = [ ]

Teile durch 9: Die Malaufgabe hilft!

9 : 9 = [ ] denn [ ] · 9 = [ ]	54 : 9 = [ ] denn [ ] · 9 = [ ]
18 : 9 = [ ] denn [ ] · 9 = [ ]	63 : 9 = [ ] denn [ ] · 9 = [ ]
27 : 9 = [ ] denn [ ] · 9 = [ ]	72 : 9 = [ ] denn [ ] · 9 = [ ]
36 : 9 = [ ] denn [ ] · 9 = [ ]	81 : 9 = [ ] denn [ ] · 9 = [ ]
45 : 9 = [ ] denn [ ] · 9 = [ ]	90 : 9 = [ ] denn [ ] · 9 = [ ]

Wie heißen die Aufgaben?

18 : 9 = ☐

denn ☐ · 9 = ☐

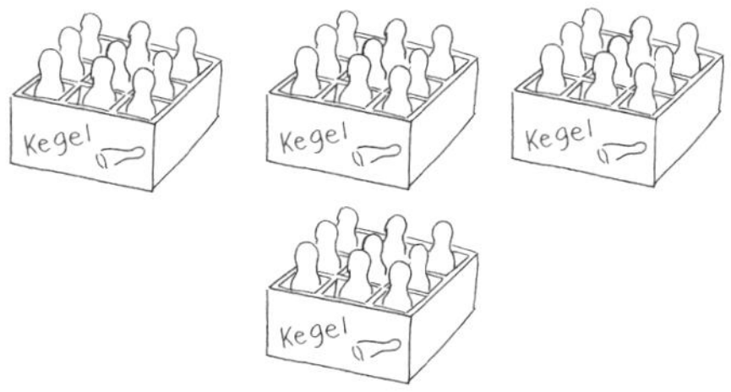

☐ : ☐ = ☐

denn ☐ · 9 = ☐

☐ : ☐ = ☐

denn ☐ · 9 = ☐

Rechne und verbinde der Reihe nach!

36 : 9 = ☐	27 : 9 = ☐
9 : 9 = ☐	81 : 9 = ☐
18 : 9 = ☐	90 : 9 = ☐
45 : 9 = ☐	63 : 9 = ☐
54 : 9 = ☐	72 : 9 = ☐

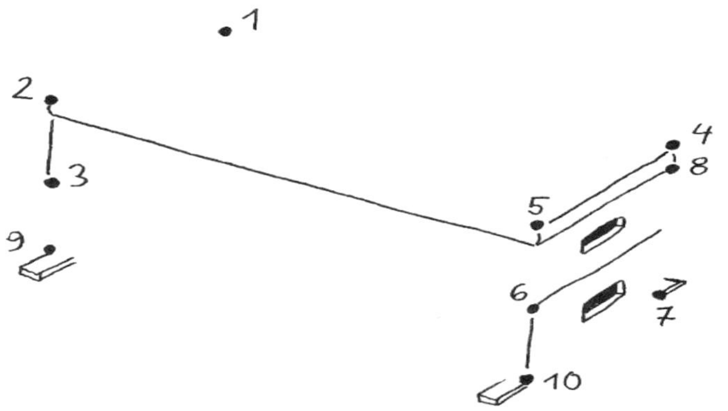

Dribbelbälle! Schreibe der Reihe nach auf und rechne.

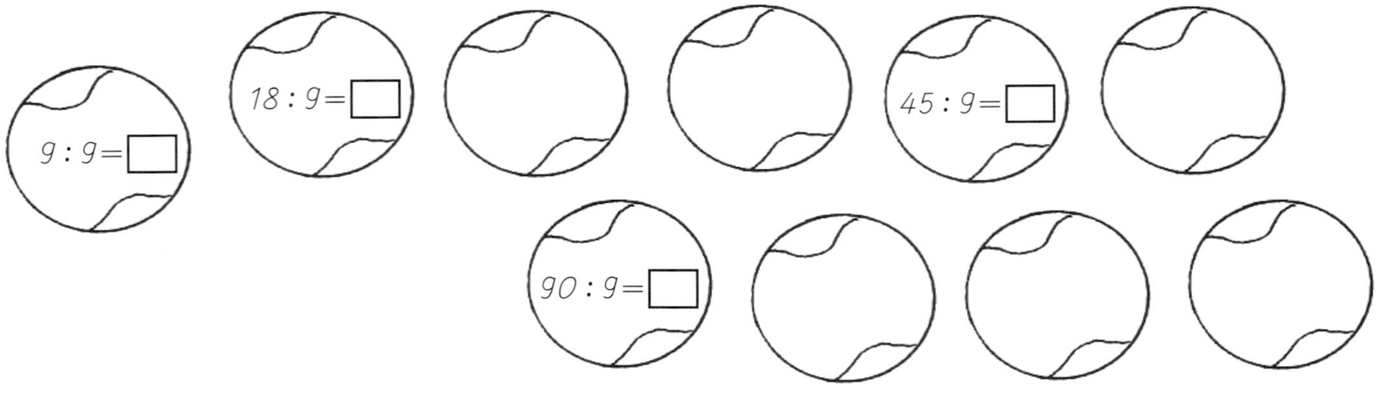

Kick-Aufgaben

Teilen durch 6, 7 und 9!

45 : 9 = ☐☐	35 : 7 = ☐☐	30 : 6 = ☐☐
27 : 9 = ☐☐	21 : 7 = ☐☐	18 : 6 = ☐☐
63 : 9 = ☐☐	49 : 7 = ☐☐	42 : 6 = ☐☐
72 : 9 = ☐☐	56 : 7 = ☐☐	48 : 6 = ☐☐
54 : 9 = ☐☐	42 : 7 = ☐☐	36 : 6 = ☐☐

Teilen
durch

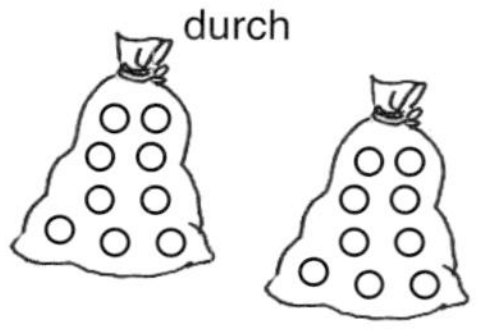

9

2/10/5/4/8/3/6/7/9

Für Spürnasen: Rechne zuerst, finde dann eine passende Aufgabe!

9 : 3 = ☐☐	18 : 9 = ☐☐	45 : 5 = ☐☐
18 : 9 = ☐☐	6 : 3 = ☐☐	36 : 6 = ☐☐
27 : 3 = ☐☐	16 : 8 = ☐☐	49 : 7 = ☐☐
36 : 4 = ☐☐	4 : 2 = ☐☐	56 : 8 = ☐☐
☐☐ : ☐☐ = ☐☐	☐☐ : ☐☐ = ☐☐	☐☐ : ☐☐ = ☐☐

Gemischte Geteiltaufgaben: Schreibe die Lösung unten auf!

72 : 9 = ☐☐	T	8	D	7
12 : 6 = ☐☐	A	3	O	2
45 : 9 = ☐☐	L	5	K	4
64 : 8 = ☐☐	W	7	L	8
32 : 4 = ☐☐	,	8	?	9
63 : 7 = ☐☐	D	9	R	8
18 : 2 = ☐☐	I	9	N	10
56 : 7 = ☐☐	I	9	M	8
90 : 9 = ☐☐	R	10	M	9
48 : 6 = ☐☐	E	8	R	9

21 : 3 = ☐☐	U	7	E	9
27 : 9 = ☐☐	B	3	T	2
48 : 6 = ☐☐	M	9	I	8
9 : 9 = ☐☐	S	1	E	0
81 : 9 = ☐☐	S	10	T	9
28 : 7 = ☐☐	A	4	T	3
49 : 7 = ☐☐	C	7	E	8
48 : 8 = ☐☐	C	7	H	6
24 : 3 = ☐☐	H	9	N	8
0 : 9 = ☐☐	E	0	IB	1

18 : 6 = ☐☐	B	3	H	2
54 : 9 = ☐☐	E	6	I	5
18 : 9 = ☐☐	E	3	R	2
25 : 5 = ☐☐	F	5	R	6
42 : 7 = ☐☐	I	6	M	7
18 : 3 = ☐☐	I	7	T	6
36 : 9 = ☐☐	N	4	L	5
63 : 9 = ☐☐	?	6	!	7

Lösung: ☐☐☐☐ ☐ ☐☐ ☐☐☐☐ ☐☐☐☐ ☐☐☐ ☐☐ ☐☐☐☐☐☐☐ ☐

Aufgepasst: Mal und geteilt!

Teilen durch 9

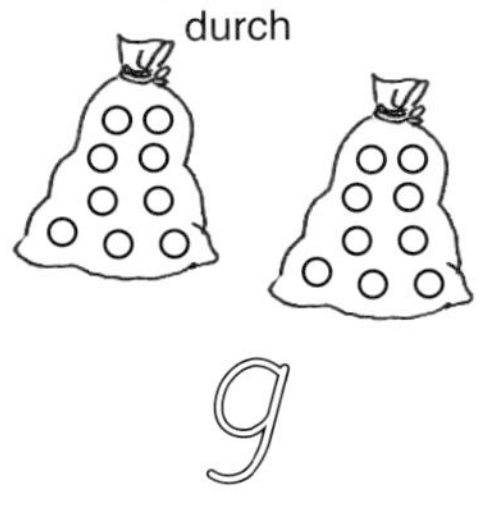

2/10/5/4/8/3/6/7/9

4 · 6 = ☐☐	8 · 9 = ☐☐
9 · 7 = ☐☐	49 : 7 = ☐☐
18 : 9 = ☐☐	36 : 9 = ☐☐
9 · 3 = ☐☐	9 · 7 = ☐☐
48 : 8 = ☐☐	28 : 4 = ☐☐
54 : 9 = ☐☐	18 : 3 = ☐☐
7 · 9 = ☐☐☐	32 : 4 = ☐☐
9 · 8 = ☐☐	8 · 7 = ☐☐
81 : 9 = ☐☐	30 : 6 = ☐☐
45 : 9 = ☐☐	9 · 9 = ☐☐

Finde passende Mal- und Geteiltaufgaben!

Teile durch 9 mit Rest!

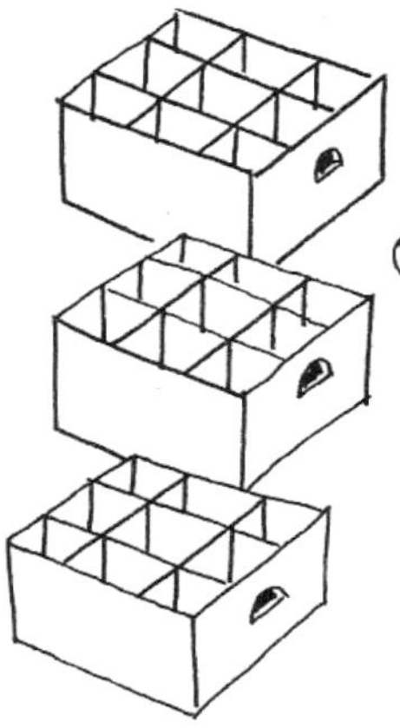

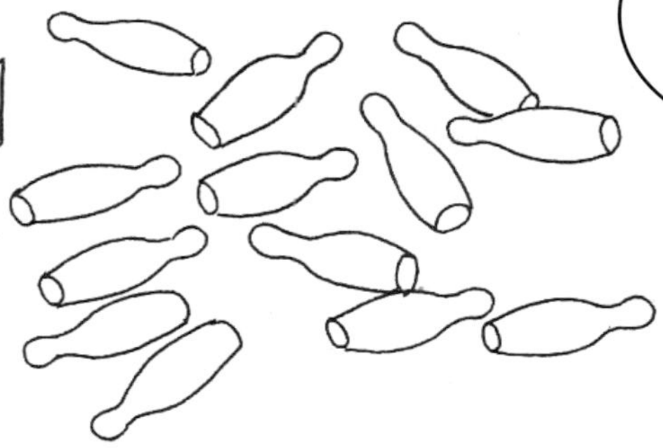

Teilen durch

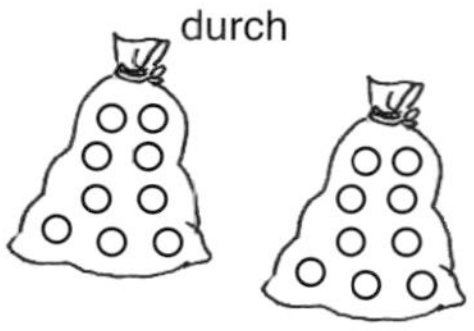

9

2/10/5/4/8/3/6/7/9

20 : 9 = ☐☐ Rest ☐

Wie viele 9er-Tüten? Wie viel Rest?

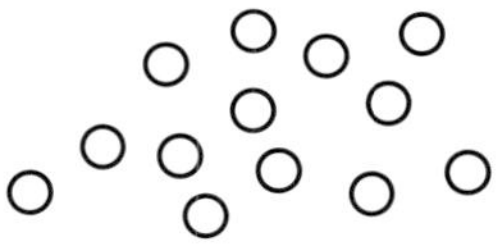

13 : 9 = ☐☐ Rest ☐

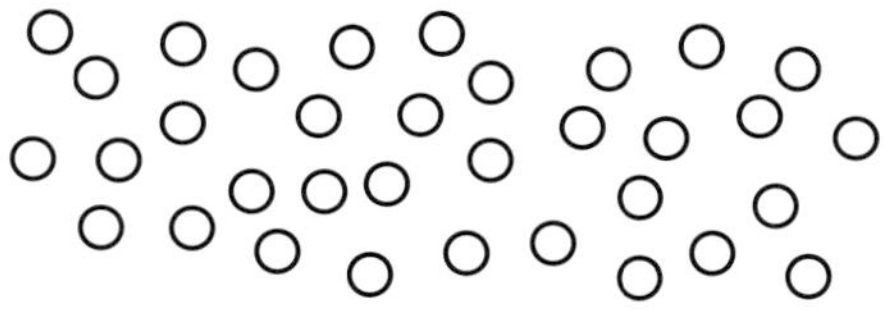

34 : 9 = ☐☐ Rest ☐

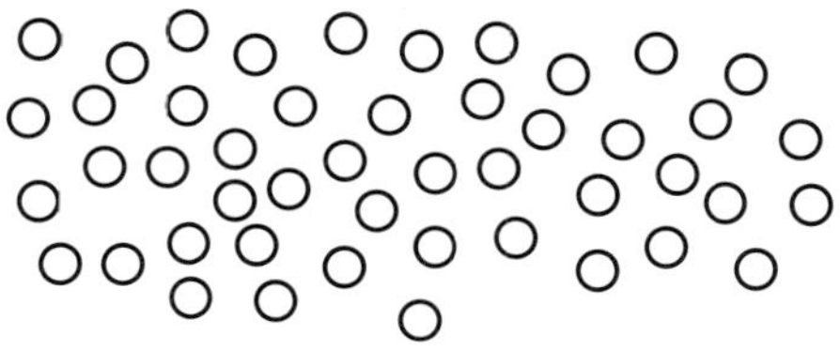

47 : 9 = ☐☐ Rest ☐

Rechnen mit Rest!

58 : 9 = ☐☐ R ☐	67 : 7 = ☐☐ R ☐	58 : 6 = ☐☐ R ☐
38 : 9 = ☐☐ R ☐	26 : 7 = ☐☐ R ☐	28 : 6 = ☐☐ R ☐
26 : 9 = ☐☐ R ☐	11 : 7 = ☐☐ R ☐	32 : 6 = ☐☐ R ☐
82 : 9 = ☐☐ R ☐	57 : 7 = ☐☐ R ☐	10 : 6 = ☐☐ R ☐
65 : 9 = ☐☐ R ☐	38 : 7 = ☐☐ R ☐	16 : 6 = ☐☐ R ☐

Rechne und verbinde mit dem Rest!

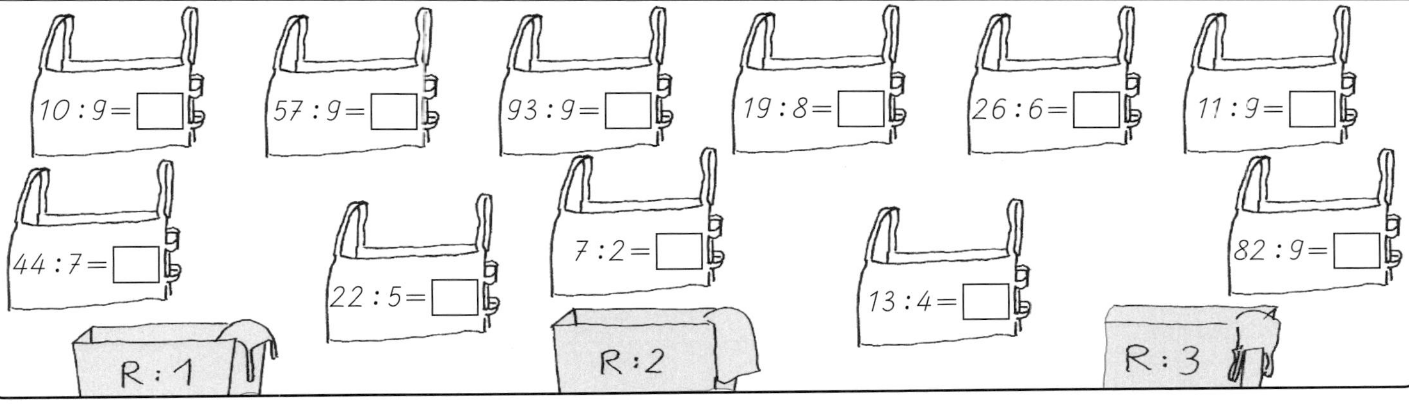

Rechengeschichten

Teilen
durch

9

Im Geräteraum der Turnhalle gibt es 27 Kegel.
Eine Mannschaft braucht neun Kegel.
Wie viele Gruppen können gleichzeitig spielen?

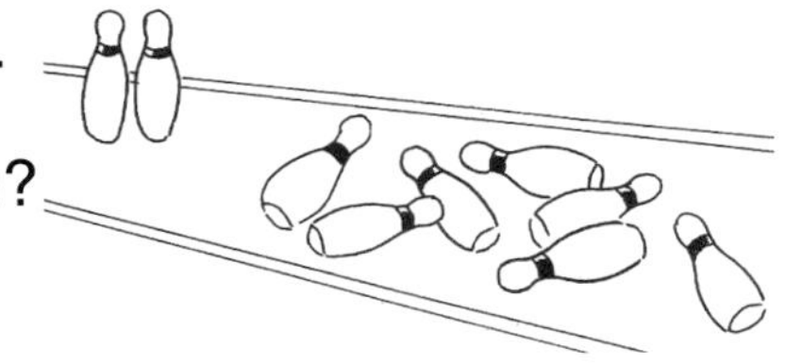

Wir rechnen:

Wir antworten: ______________________________

Die 18 Kinder der 3. Klasse spielen Tauziehen
mit gleich großen Mannschaften.
Wie viele Kinder ziehen an jeder Seite?

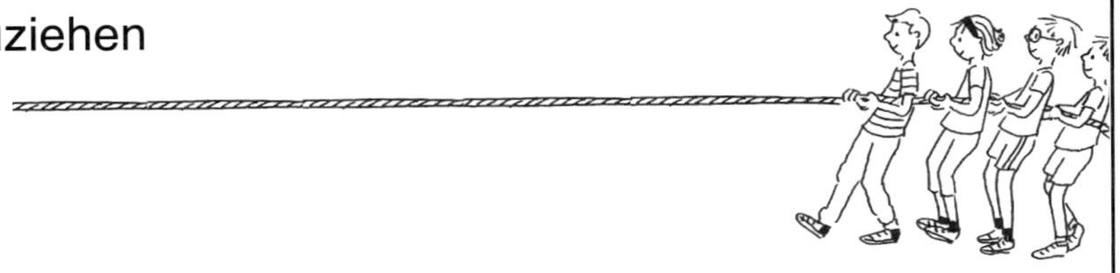

Wir rechnen:

Wir antworten: ______________________________

Vier Stationen für den Rundlauf sind in der Turnhalle aufgebaut.
An jeder Station können neun Kinder turnen.
Wie viele Kinder trainieren gleichzeitig?

Wir rechnen:

Wir antworten: ______________________________

Für das Fußballturnier kauft die Trainerin neun neue T-Shirts.
Aus der Vereinskasse nimmt sie dafür 81 Euro.
Wie viel kostet ein T-Shirt?

Wir rechnen:

Wir antworten: ______________________________

Am Sportfest ist Niklas für die Getränke zuständig.
Er kann immer drei Flaschen auf einmal tragen.
Er sagt: „Ich habe 18 Flaschen geholt. Wie oft bin ich gelaufen?“

Wir rechnen:

Wir antworten: ______________________________

Familie Hildebrand besucht das Fußballspiel ihrer Lieblingsmannschaft.
Die Karten sind sehr teuer. Eine kostet neun Euro.
Wie viel muss die dreiköpfige Familie bezahlen?

1860

Wir rechnen:

Wir antworten: ______________________________